Martin Luther in Bochum-Werne

Der 1. Pfarrer der Evangelischen
Kirchengemeinde Bochum-Werne

Günter Brakelmann

Evangelische Perspektiven
Schriftenreihe der Evangelischen Kirche in Bochum
in Zusammenarbeit mit der Evangelischen Stadtakademie Bochum

In der Schriftenreihe sind bisher zwölf Hefte erschienen.
Weitere Informationen im Internet unter http://www.stadtakademie.de

Heft 13:
Günter Brakelmann
Martin Luther in Bochum-Werne
Der 1. Pfarrer der Evangelischen Kirchengemeinde Bochum-Werne

Herausgegeben von Arno Lohmann
ISBN 9783752847598

Evangelische Kirche in Bochum
Westring 26a, D-44787 Bochum
Telefon 0234 - 962904-0
http://www.kirchenkreis-bochum.de

Das vorliegende Heft ist zu beziehen bei:
Evangelische Stadtakademie Bochum
Westring 26a, D-44787 Bochum
Telefon 0234- 962904-661
office@stadtakademie.de
http://www.stadtakademie.de

Evangelische Kirchengemeinde Bochum-Werne
Kreyenfeldstraße 32, D-44894 Bochum
Telefon 0234- 264727
Telefax 0234- 236557
bo-kg-werne@kk-ekvw.de

Martin Luther in Bochum-Werne

Der 1. Pfarrer der Evangelischen
Kirchengemeinde Bochum-Werne

Günter Brakelmann

Herausgegeben von
Arno Lohmann

Verlag Books on Demand GmbH, Norderstedt

Bibliografische Information der Deutschen Bibliothek:
Die Deutsche Bibliothek verzeichnet diese Publikation in der Deutschen Nationalbibliografie;
detaillierte bibliografische Daten sind im Internet unter www.dnb.de abrufbar.

1. Auflage September 2018
© beim Herausgeber
Redaktion: Peter Scheffler, Rudolf Tschirbs
Abbildungen: © Evangelische Kirchengemeinde Bochum-Werne
Gestaltung und Umschlag: Q3 design, Dortmund

ISBN 9783752847598

Herstellung und Verlag:
BoD – Books on Demand GmbH
In de Tarpen 42
D-22848 Norderstedt
Telefon (+49) 0 40 - 53 43 35 - 0
Telefax (+49) 0 40 - 53 43 35 - 84
Web: www.bod.de
e-Mail: info@bod.de

Inhalt

Vorwort

Pünktlich zum 125. Geburtstag der Evangelischen Kirchengemeinde Bochum-Werne erscheint dieses Buch über den 1. Pfarrer der Gemeinde. Am 1. November 1893 wurde Werne von der Muttergemeinde Lütgendortmund in die Selbständigkeit entlassen. Wie viele Erwartungen und Hoffnungen waren wohl mit diesem Neubeginn verbunden? Und dann war da auch noch der 1. Pfarrer, der ausgerechnet Martin Luther hieß. Würde sein Wirken ähnlich erneuernd und segensreich sein wie das seines berühmten Namensvetters?

In dieser Schrift von Prof. Günter Brakelmann begegnet uns am Ende des 19. Jahrhunderts ein Pfarrer, der sich in seinem Dienst mit ganz unterschiedlichen Frömmigkeitsstilen auseinandersetzen muss – und damit auch ganz unterschiedlichen Erwartungen an sein Pfarramt. Dem einen ist dieser Martin Luther viel zu weltlich, ja verhält sich an vielen Stellen sogar amtsunwürdig, den anderen ist er guter Freund und Nachbar, der gern mal mit im Wirtshaus sitzt oder auf die Jagd geht. Zum Pfarramt berufen, aber doch auch Mensch mit all seinen Fehlern und Widersprüchen.

Für den äußeren Aufbau der Gemeinde hat er viel geleistet, den Bau von Kirche und Gemeindehaus vorangetrieben und begleitet. Doch genauso konnte er wegen zu wenig Besuchern den sonntäglichen Gottesdienst ausfallen lassen oder auch den Konfirmandenunterricht vertagen.

Seine Personalakte ist wohl mit eine der um-fangreichsten im Landeskirchenamt. Viele Be-schwerdeschreiben sind darin gesammelt, die hef-tige Diskussionen in der Gemeinde ausgelöst haben. Besonders tragisch ist dann auch noch das Ende dieses Martin Luthers: Er wird erschossen aufge-funden. War es Selbstmord oder sogar Mord?

Bis heute bleibt vieles ungeklärt und ein wenig mysteriös. Viel Stoff jedenfalls für eine biografische, kirchenhistorische Schrift, aber auch für einen nicht bis ins letzte gelösten Kriminalfall.

Unser Dank gilt Prof. Günter Brakelmann für diese sehr interessante Schrift, die uns die Lebensgeschichte des 1. Pfarrers unserer Gemeinde nahe bringt.

Viel Freude beim Lesen – und wie sagte noch Martin Luther, der Theo-loge und Reformator, jener berühmte Namensvetter unseres 1. Pfarrers: „Es ist kein Mensch so böse, dass nicht etwas an ihm zu loben wäre!".

Pfarrerin Gisela Estel
(nach 100 Jahren erste Pfarrerin in Bochum-Werne)

Vorwort

Vor Jahren, als Gert Leipski Pfarrer in Werne war, lernte ich durch ihn vor dem Bilde Martin Luthers, das in der Sakristei hing, die Geschichte dieses Werner Pfarrers kennen. Erst jetzt, nach langen Jahren, bin ich dazu gekommen, mir seinen Lebenslauf genauer anzusehen. Immerhin trägt er den Namen des Reformators Luther.

Ich habe nun versucht, die Geschichte des Namensvetters Luthers zu rekonstruieren. In erster Linie habe ich die Personalakten, die sich im Landeskirchlichen Archiv in Bielefeld befinden, durchgearbeitet. Aus ihnen wird ausführlich zitiert, um den Lesern einen Einblick in das turbulente Leben dieses Pfarrers zu geben. Ich mute Ihnen zu, die Schriftstücke, die im Original alle handschriftlich geschrieben sind, mit innerer Ruhe und genau zu lesen. Sie geben uns beredten Einblick in den damaligen Sprach- und Denkstil. Was ich nicht entziffern konnte, habe ich mit einem Fragezeichen versehen.

Ich konzentriere mich bewusst auf diesen einen Pfarrer, der der erste Pfarrer in der 1893 selbständig gewordenen Kirchengemeinde Werne gewesen ist. Seine Zeit als Pfarrer von 1891 bis 1913 fällt in eine Zeit des Wandels einer bäuerlichen Gemeinde zu einer von Bergbau und Industrie bestimmten Vorortgemeinde der Stadt Bochum. Überdeutlich werden in dieser Zeit die innergemeindlichen Konflikte.

Der Pfarrer Luther zeichnet sich dadurch aus, dass er durch das Erbe seiner 1905 verstorbenen Frau ein nicht unbedeutender Besitzer von Ackerland wurde. Ein Teil dieses Ackerlandes verkaufte er als Bauland und wurde ein reicher Mann. Er geriet mit staatlichen und mit kirchlichen Behörden in Konflikte. Wie diese abliefen und wie sie endeten, soll aktenorientiert nachgezeichnet werden. Aufsehen im Lande erregte 1913 sein Selbstmord zusammen mit einem Freund. Wie die Kirche und die Öffentlichkeit diese Tragik interpretiert haben, gibt Einblick in eine komplizierte und kontroverse Diskussionskultur.

Die Kirchen- und Gemeindegeschichte kennt neben Gelungenem das Problematische und Misslungene. Beides sollte dargestellt werden.

Für die Mithilfe bei dieser Arbeit bedanke ich mich bei den Mitarbeiterinnen und Mitarbeitern des Landeskirchlichen Archivs in Bielefeld.

Diese kleine Studie möchte ich dem dankbaren Andenken an meinen verstorbenen Freund Gert Leipski (1926 – 1993) widmen, der 32 Jahre lang als Pfarrer in Werne versucht hat, in Anbindung an Schrift und Bekenntnis Solidarität mit den persönlichen, den sozialen und politischen Problemen seiner Gemeindeglieder zu leben.

Günter Brakelmann
Bochum, im Sommer 2018

Die Herkunft des Martin Luther und sein Bildungsgang

Im Nordosten von Dortmund lag im 19. Jahrhundert die kleine Bauernschaft Asseln. Sie hatte 1865 1.025 Einwohner. Sie veränderte ihre Struktur, als der Bergbau und andere Industrien ihren Einzug hielten. 1894 gab es 2.486 evangelische Einwohner. Es gab mehrere Bergarbeitersiedlungen der beiden Zechen Schleswig und Holstein. Ein großer Teil der Einwohner kam aus Ostpreußen und Schlesien. Als die alte Kapelle zu klein wurde, baute man 1904 eine Luther-Kirche. Die Gemeinde Asseln machte den in dieser Zeit der Industrialisierung und Urbanisierung üblichen Wandel von einem Dorf zu einem Industrieort durch. In der Zeit seit der Reformation in Dortmund und Umgebung war der Ort zunächst nur evangelisch. Das kirchliche Gepräge gaben ihm in der Regel lange Jahre amtierende Pfarrer: 1840–1864 der von einem Bauernhof stammende Heinrich Lueg, 1864–1897 der Sohn des Dortmunder Bürgermeisters Wilhelm Becker und 1898–1932 der Sohn eines Schornsteinfegers Wilhelm Hilburg. Neben den Pfarrern gab es in der „Rektoratsschule" einen Lehrer, der zugleich Organist und Küster war. Asseln gehörte zur Grafschaft Mark, die seit 1666 brandenburgisch-preußisch war.

In diesem Ort wurden dem Ehepaar Johann Martin Luther und seiner Frau Susanne, geb. Estoppey zwei Söhne geboren: Paul, geb. am 18.5.1861, und Martin, geb. 18.11.1864. Der Vater war 1859 von der Gemeindevertretung als Lehrer, Organist und Küster gewählt worden. Anfangs gab es in Asseln aus nicht bekannten Gründen eine Ablehnung Luthers, die sich aber im Laufe der Jahre verringerte. Jedenfalls heißt es in einem Eintrag in der Schulchronik: „Am 2. Februar 1890 starb infolge von Lungenentzündung, tief betrauert von der ganzen Gemeinde, Martin Luther, erster Lehrer, Küster und Organist, nachdem er über 31 Jahre in hiesiger Gemeinde zum Segen gewirkt hatte." (Asseln, Schulchronik, S. 11)

Über ihn, über seinen Charakter und über seine pädagogische Kompetenz erfahren wir in den vorhandenen Quellen nichts. Aber dies dürfte sicher sein: Er wollte aus seinen beiden Söhnen etwas Besonderes machen. Die Eltern nannten ihre Kinder nach dem Sohn des Reformators Paul und nach dem Reformator selbst Martin. Für die Eltern dürften die Namen Hoffnung und Programm gewesen sein. Die Eltern schickten ihre Söhne auf verschiedene Schulen. Paul machte 1881 sein Abitur in Halle a. S. Seine Abiturleistungen waren durchweg befriedigend. In der Rubrik „Sittliches Verhalten und Fleiß" stand: „Sein Betragen war gut, Fleiß und Teilnahm dagegen nicht immer gleichmäßig, in Folge dessen auch die Leistungen nicht ganz zuverlässig und seinen Fähigkeiten nicht entsprechend.". Paul studierte dann in Bonn und Halle Theologie, machte sein 1. Examen in Münster und wurde von 1887 – 1893 Schul- und Gemeindevikarvikar in Wallenbrück bei Spenge.

Die Schulzeit des jüngeren Sohnes Martin war sehr abwechslungsreich: Er besuchte zunächst die Rektoratsschule seines Vaters in Asseln und dann die in Aplerbeck, anschließend das Gymnasium in Dortmund und die Frankesche Stiftung in Halle und machte schließlich 1884 das Abitur in Burgsteinfurt. Das Zeugnis der Reife: Religionslehre genügend, Deutsch genügend, Latein genügend, Griechisch gut, Französisch genügend, Hebräisch genügend, Geschichte und Geographie nicht genügend, Mathematik genügend, Physik genügend, Turnen recht gut.

Er war nach den Abiturzensuren ein durchschnittlicher Schüler, der sein Theologiestudium von 1884 – 1886 in Halle begann, dann für ein Jahr nach Greifswald und schließlich nach Bonn ging. Halle – Greifswald – Bonn waren die bevorzugten Studienorte vieler evangelischer Westfalen. Das 1. Examen absolvierte er am 12. und 13. April 1888 vor dem Königlichen Konsistorium in Münster.

Seine Meldung zum Examen enthielt ein „curriculum vitae" (Lebenslauf), das auf Lateinisch abgefasst war. Mit dem Zulassungsbescheid verbunden waren die Angaben für die schriftlichen Arbeiten:

I. De vita in Christo nova secundum epistolam ad Romanos VIII, 1-4 (wieder ganz auf Latein abgefasst, mit ziemlich gut bewertet)
II. Die Absolution nach römischer, reformierter und lutherischer Lehre (mit ziemlich gut bewertet)
III. Predigt: Matth. 14, 22-32 (mit genügend bewertet)
IV. Katechese: 2. Tim. 3, 13-14 (Im Ganzen gut bewertet)

Mündliche Prüfung: Philosophie: ungenügend, Bibelkunde gut, Biblische Exegese des AT genügend, des NT ziemlich gut, Dogmatik und Symbolik genügend, Moral: ziemlich gut, Pastoral-Wissenschaften ziemlich gut, Praktische Anlage: „Der Vortrag ermangelte noch der Sicherheit, Klugheit und Deutlichkeit".

Schon 1883 hatte der Gymnasiast den „Berechtigungsschein zum einjährig-freiwilligen Dienst" erworben. Er nahm diesen mit einer Unterbrechung durch eine Krankheit in der Zeit vom 1. April 1888 bis 1. April 1889 wahr. Entlassen wurde er als „Gefreiter mit Geeignetheit zum Unteroffizier".

Das 2. Examen am 28./29. April 1890 ließ nicht lange auf sich warten. Nach einer „pädagogischen Ausbildung" in Petershagen, die er mit „genügend" abschloss, wurden ihm vom Konsistorium nach Genehmigung eines Aufschubs des Examenstermins als schriftliche Arbeiten aufgegeben:

I.   Accuratius de disciplina ecclesiastica secundum novum testamentum agatur (ziemlich gut)
II. Die Mystik als Vorbereitung der Reformation (ziemlich gut)
III. Predigt: Philipper 3, 12-14 (ziemlich gut)

Die mündlichen Prüfungen ergaben dieses Ergebnis: Exegese des Alten Testaments genügend, Exegese des Neuen Testaments ziemlich gut, Dogmatik und Symbolik eben genügend, Kirchen- und Dogmengeschichte ungenügend, Ethik genügend, Praktische Theologie kaum genügend, Kirchenrecht genügend, Schulkunde eben genügend, Philosophie genügend, im Ganzen: „eben bestanden".

Nach den Prüfungsnoten war Martin Luther auch hier ein durchschnittlicher Kandidat, der keine besonderen wissenschaftlichen Ambitionen gehabt haben dürfte. Es wird ihn in die Praxis eines gemeindlichen Pfarramtes gezogen haben. Inzwischen war im Februar 1890 sein Vater gestorben, so dass er in dieser Zeit mittellos war. Er bittet die oberste staatliche Kirchenbehörde, das „Ministerium der geistlichen, Unterrichts- und Medicinal-Angelegenheiten", um eine geldliche Unterstützung. Es wurden ihm 400 Mark bewilligt.

Als Vikar, Hilfsprediger und Pfarrer in Bochum-Werne

Am 8. Juni 1890 wird dem Kandidaten das „Zeugnis für den evangelischen Pfarr-Amts-Candidaten" ausgestellt. Inzwischen bekommt er auf Grund seiner schlechten wirtschaftlichen Lage noch einmal eine geldliche Zuwendung von 600 Mark, für die sich der Bochumer Superintendent Friedrich („Fritz") König eingesetzt hat. Von diesem wird er am 22. Februar 1891 als Vikar in der alten Werner Kapelle ordiniert und erhält eine Anstellung als Hilfsprediger. Die Gemeinde Werne gehörte als Außenstelle zur Gemeinde Lütgendortmund, in der seit 1877 Wilhelm Weskott (1850 – 1938) Pfarrer war.

Schon lange war vorgesehen, die wachsende Gemeinde Werne von der Muttergemeinde Lütgendortmund zu trennen und sie eine selbständige Kirchengemeinde werden zu lassen. Dieser Ablösungsprozess und der Aufbau einer neuen Gemeindestruktur in Werne sollten konfliktreich werden. Nach der Kirchenordnung mussten zunächst „Gemeinderepräsentanten" gewählt werden. Diese wiederum hatten das Presbyterium zu wählen.

Am 18. Dezember 1892 fanden die Wahlen der Gemeinderepräsentanten statt. Wählen konnten nur die Männer, die Frauen hatten bis 1919 kein Wahlrecht in der Kirche. Am 3. Januar 1893 schreibt der Wahlleiter Superintendent König folgenden Brief an die Gewählten:

„Hierdurch teile ich Ihnen mit, dass Sie in der am 18. Dezember getätigten Wahl zu Repräsentanten der Kirchengemeinde Werne ordnungsmäßig erwählt worden sind mit der gleichzeitigen Benachrichtigung, dass gegen sieben der gewählten Herren, welchen besondere Nachricht zugeht, wegen angeblich mangelnder Qualifikation Einsprache erhoben ist. Bis zur erfolgten Entscheidung über den eingelegten Protest bleiben dieselben von den Verhandlungen der Repräsentation zunächst ausgeschlossen.

Die übrigen Herren lade ich hierdurch zu einer ersten
Konstituierenden Versammlung ein auf
Montag den 15. Januar, nachm. 4 ¼ in den Betsaal dort.
Mit der Tagesordnung
1. Konstituierung der Repräsentation
2. Wahl eines Presbyteriums."

Beigefügt sind diesem Schreiben die Namen der 53 Repräsentanten und die Namen der 12 ins Presbyterium Gewählten. (darunter fünf Landwirte, zwei Obersteiger, ein Unternehmer). Es fällt schon hier auf, dass unter den Gewählten Vertreter der Mehrheit der Gemeindeglieder, die Bergleute oder Industriearbeiter sind, nicht vorkommen. Die alteingesessenen Bauern und Vertreter des Bürgertums dominieren noch in dieser Zeit die Gemeindevertretungen.

Martin Luther, geb. 18. November 1864 in Dortmund-Asseln, 1. Pfarrer der Evangelischen Kirchengemeinde Bochum-Werne ab 1. November 1893

Die offizielle kirchenrechtliche Lösung der Kirchengemeinde Werne von Lütgendortmund erfolgte am 1. November 1893. An diesem Tag wurde Luther als Erster Pfarrer in Werne eingeführt. Nun sollte die endgültige Wahl des Presbyteriums durch die Repräsentanten am 2. Dezember 1893 stattfinden, aber auch sie wurde schließlich auf den 18. Dezember 1893 verschoben. Denn vorher, am 13. Dezember, bekam der Superintendent von Pfarrer Weskott diesen Brief:

„Soeben war einer der (?) von Werne, ein Bergmann, bei mir und sprach sein Bedauern darüber aus, dass die Wahl der Repräsentanten auf die Zeit von 10-1 Uhr anberaumt sei; viele von den Arbeitern, alle, die Morgenschicht haben, seien dadurch von der Beteiligung ausgeschlossen. Obwohl ich weiß, dass jetzt an der einmal getroffenen Bestimmung nichts mehr geändert werden kann, habe ich doch dem Betreffenden auf sein dringendes (?) versprechen müssen, an Sie die Anfrage zu richten, ob es nicht möglich sei, die Wahlzeit doch noch auf die Zeit von 2-4 Uhr auszudehnen. Nach der stattgehaltenen Bekanntmachung geht's freilich nicht. Aber wenn ich diese Zeilen an Sie richte, habe ich wenigstens den Wunsch des Gutmeinenden erfüllt. In Werne siehts böse aus; es wird mächtig agitiert, dass die ? in die Repräsentation hineinkommen, selbst Leute, die Freimaurer sind und seit Jahrzehnten die Kirche nur von außen gesehen haben. Wir sind freilich auch tüchtig an der Arbeit und hoffen, dass es uns

wenigstens gelingt, einen Teil der wirklichen Christen hineinzubringen.
Mit herzlichen Grüßen"

„In Werne sieht's böse aus". Es war unter den evangelischen Gemeindegliedern ein heftiger Streit entstanden. Die einzelnen Gemeindegruppen
wollten möglichst viele ihrer Leute in die „Repräsentation" bringen, um
ein ihnen genehmes Presbyterium wählen zu können. Es waren 331 Stimmen, die die Repräsentation mit 55 Mitgliedern bestimmten. Die Gemeinde
war religiös sehr zersplittert. Es gab unter den aus Ostpreußen eingereisten
Familien eine starke vom Pietismus geprägte Gruppe, unter den einhei-
mischen Bauern, Handwerkern und Kleinunternehmern gab es eine traditionelle von kirchlicher Sitte geprägte Gruppe, und es gab eine dem Gemeindeleben fern stehende kirchendistanzierte Gruppe, die sich aber als
„protestantisch" verstand. Sie alle drängten darauf, Leute ihrer Prägung
in die gemeindeleitenden Ämter zu bekommen. Die liberalen und stark
säkular denkenden Männer konnten die „Frommen" mit ihrem Glauben
und vor allem mit ihrem Lebensstil nicht verstehen, und umgekehrt konnten
die „Frommen" sich nur schwer an Menschen gewöhnen, die Wirtshäuser
besuchten und ein weltliches Vereinsleben entfalteten.

Schließlich kam es am 18. Dezember 1893 in der Kapelle zu den Ge-
meindewahlen. Das Ergebnis: 331 Stimmen wurden abgegeben, 55 Männer
wurden in die Repräsentanz gewählt, darunter zehn Männer mit über 300
Stimmen. Es existiert eine gedruckte Liste der Namen der Gewählten mit
Angaben der Stimmenzahlen.

Damit war aber noch längst nicht Frieden in die Gemeinde eingekehrt.
Die alten Auseinandersetzungen wurden bald neu entfacht. Die Kritiker
aus der Zeit vor der Selbständigkeit der Kirchengemeinde bestätigten und
erneuerten ihre Proteste. Am 20. Dezember 1893 gibt König einen Bericht
an das Konsistorium über ein Gespräch mit zwei Gemeindegliedern:

„Es erschienen der Berginvalide Heinrich Berge und der Bergmann
Nicolaus Grebe, Gemeindeglieder in Werne, 45 Jahre und 29 Jahre alt
und erklären:

Wir fühlen uns beschwert durch den Ausfall der am 18. d. M. getätigten
Repräsentantenwahl, indem durch dieselbe nicht den von der Kirchenordnung geforderten Bedingungen in Bezug auf die kirchliche Qualifikation
der Gewählten Genüge getan ist. Wir führen im einzelnen an den Maurer-
meister und Bauunternehmer Herrn Zipp, den Lehrer Knemeyer und den

Maschinenwärter Schwab, Weichensteller. Von diesen drei Genannten ist bekannt, dass sie am Gottesdienste nicht teilnehmen und von dem Letztgenannten, dass er über Gottes Wort und die Sakramente sich verächtlich ausspricht, wobei wir dabei hingestellt lassen wollen, ob er je und dann trotzdem am Gottesdienste teil nimmt. Wir glauben nicht, dass es für eine christliche Gemeinde erträglich ist, wenn solche Männer ihre Vertretung bilden. Noch mehr sind wir in unserem Herzen bekümmert über die Amtsführung und den Wandel des Herrn Pastor Luther. Es liegt uns jeder persönliche Gegensatz gegen ihn fern und wir hätten nichts lieber, als dass er ein Herz gewinnen möchte, in Treue und Glauben seines Amtes so zu warten, dass wir in der Gemeinschaft der Liebe uns mit ihm verbunden wüssten und nach unserem schwachen Kräften mithelfen könnten an der Erbauung unserer Gemeinde. Gegenwärtig aber steht er im Gegensatze gegen wirklich geistliches Leben und geistliche Amtsführung. Es ist nachweisbar, dass er die Pflichten seines Amtes des Öfteren sehr nachlässig verrichtet, so hat er öfter den Katechumen- und Konfirmandenunterricht ohne Not ausgesetzt, er hat Gemeindeglieder, welche zu der angekündigten Kirche erschienen waren, entlassen, weil ihrer nicht genug seien. Er wiederholt dieselben Predigten im Laufe eines Jahres und bringt es durch das Alles dahin, dass die Gemeinde nicht erbaut, sondern dem göttlichen Leben entfremdet wird.

Auch ist er in seinem Wandel zum mindesten sehr unvorsichtig. Wenngleich wir nicht in der Lage sind, einzelne Ausschreitungen mit Angabe der Zeugen und des Tages zu beklagen, so ist so viel zu sagen, dass es in der ganzen Gemeinde bekannt ist, wie er bis spät in die Nacht hinein an Trinkgelagen mit Bekannten teil nimmt, wie man sich auch erzählt von Fällen eingetretener Trunkenheit, die zum öffentlichen Ärgernis gedient haben.

Wir haben nicht die Absicht, den Pastor Luther zu schädigen und durch unser nur unserem geistlichen Gewissen uns aufgedrängte Angaben dazu zu helfen, dass er seines Amtes entsetzt werde. Wir können aber nicht glauben, dass er der Gemeinde gegenwärtig zum Segen gereichen könne. Die Feindschaft der Welt gegen den Herrn und seine Gemeinde ist so groß auch innerhalb unserer Gemeinde, dass ein treuer, geistlich gerichteter Pastor unbedingt erforderlich ist, wenn nicht die Gemeinde und die Sache unseres Herrn und Heilandes geschädigt werden soll. Zu dem Königlichen Konsistorium haben wir das Vertrauen, dass es unsere und die

Die ersten drei Pfarrer der Gemeinde Werne: Johannes Müller, Gustav Rummeld und Martin Luther (v. l.)

Bedenken aller geistlich gerichteten Gemeindeglieder verstehen und Wege finden wird, um unsere Gemeinde vor schwerem Schaden zu behüten."

Diese Männer geben dem Pfarrer das denkbar schlechteste Zeugnis. Er führt kein geistliches Leben und er hat auch keine geistliche Amtsführung. Von Erbauung der Gemeinde kann keine Rede sein. Er verletzt seine Amtspflichten, wenn er Unterrichte und Andachten ausfallen lässt. Er führt einen Lebenswandel mit Trinkgelagen und zeigt in der Öffentlichkeit Trunkenheit. Die Beschwerdeführer dringen darauf, einen geistlich gerichteten Pastor zu haben, „wenn nicht die Gemeinde und die Sache unseres Herrn und Heilandes geschädigt werden soll". Sie hoffen auf ein Einschreiten des Konsistoriums.

Die beiden Bergleute dürften zu den pietistisch-erwecklichen Kreisen der Gemeinde gehört haben. Sie haben ein ganz klares Gemeinde- und Pfarrerbild. Sie sprechen ihrem Pfarrer jegliche Kompetenz in der Erbauung einer Gemeinde ab, in der allein Christus der Herr sei. Und dieser Pfarrer ist ihnen einfach in seinem Lebensstil zu weltlich.

Es dauert nicht lange, da bekommt der Superintendent am 29. Dezember 1893 einen neuen Beschwerdebrief, unterschrieben von acht Gemeindegliedern. In ihm heißt es:

„Die allgemeine Kirchenordnung verlangt, dass nur solche Personen als Repräsentanten gewählt werden dürfen, welche die Kirche regelmäßig besuchen und das heilige Abendmahl genießen. Nun sind

1. Herr Gutsbesitzer Hölterhoff
2. Bauunternehmer Zipp
3. Lehrer Knemeyer
4. Gastwirt H. Schmidt
5. Weichensteller Schwacke
6. Wirt L. Rüsing
7. Direktor Reinhardt,

welche niemals die Kirche besuchen und doch sind sie von Herrn Pastor Luther als Repräsentanten vorgeschlagen und zur Wahl gebracht worden. Besonders bemerken wir noch, dass Gastwirt Schmidt in einer gemischten Ehe lebt und die Kinder katholisch werden (?) auch nicht fähig, das Repräsentantenamt zu verwalten.

Herr Zipp und Herr Knemeyer, welche als Mitglieder der Freimaurerloge bekannt sind und auch niemals die Kirche besuchen, ebenfalls auch die anderen aufgeführten Personen sind ortsüblich bekannt für solche, die ebenfalls die Kirche nicht besuchen wie Herr Schwacke, welchem die Kirche alles Göttliche auch das heilige Abendmahl lächerlich ist und seine Spöttereien treibt. Auch die Herren Wirte ausgenommen August Langewische gehören nicht in den Kirchenvorstand, welche fast das ganze Jahr die Kirche nicht besuchen und auch nicht die Leute aus der Wirtschaft zur Kirche enthalten werden, überhaupt sind noch viele viele unserer Gewählten (?) nicht zu dem Amte fähig, auch ist die ganze Wahl von vorneherein eine heimliche Sache des Herrn Luther und nicht nach der Kirchenordnung gehandhabt worden.

Besonders richtet sich unser Protest auch gegen Herrn Pastor Luther, weil er seinen Pflichten als Seelsorger obliegt, vielmehr dieselben versäumt durch einen ausschweifenden Lebenswandel, welcher in christlichen Kreisen zum öffentlichen großen Anstoß geworden ist, Der Herr Luther hat schon manchmal die Abendmahlsgäste ohne ihrem Verlangen entgegen zu kommen, wegen der geringen Zahl, (?) welche mehr als 10 Personen bestanden, nach Hause geschickt, auch hat er er am Sonntag dem 17.

dieses Monats sich im Arbeiterverein zu Werne über den hier bestehenden Missionsverein in solch spöttischer Weise (?) und besonders, dass der Verein gegen das Übel der Trunksucht und des Wirtschaftslebens ankämpft, warum? Weil er selbst ein Freund des Wirtshauslebens mit höchsten Herrn ist. Er macht sich doch als ein öffentlicher Seelsorger ganz kraftlos, auch ist öffentlich bekannt geworden, dass er sich auf unsittlichen unkeuschen Wegen befunden habe, daher auch ein Hindernis der ganzen Reichssache Gottes. Wenn dies Treiben des Herrn Luther nicht bald Einhalt geboten wird, dann wird Gottes Reich nicht gefördert. Wir möchten Euer Hochwürden ganz untertänigst ersuchen, unseren Protest zur weiteren Veranlassung bringen zu wollen, im Interesse des Herrn Luther ersuchen wir noch ihrem Herrn Luther eine Stelle als zweiten Pastor eine Anstellung geben zu wollen, wo er unter Aufsicht eines treuen Gottesmannes steht, damit auch sein Seelenheil dadurch gefördert werde, nur vom Lebenswandel des Herrn Luther ist offenbar ersichtlich, dass Herr Luther sich müsse (?) einen Vorstand wählen könnte, der der Kirchenordnung genügt, (?) maßgebend ist.

In Gewährung unseres geringen Antrags verharren in respektvoller Hochachtung und Ergebenheit

(Es folgen die Unterschriften der acht Bittsteller: Jakob Probst, Johannes Wolf, Andreas Henrich, Johannes Ulrich, Heinrich Battefeld, H. Dillenhöfer, Wilhelm Köster, Andreas Schäffner)

Der Sprachgebrauch dieser Beschwerde lässt auf Mitglieder des „Missionsvereins" schließen, die weder mit der Theologie noch mit dem Lebenslauf ihres Pfarrers einverstanden sein können. Sie unterstellen ihm, dass er die genannten Leute zur Wahl ermuntert habe. Dass Pfarrer sich ihr ihnen passendes Presbyterium wählen lassen, war durchaus nicht seltene Praxis. Und dass Pfarrer besonders enge Beziehungen zu „Leuten aus der Wirtschaft" hatten, war auch nicht ungewöhnlich. Und dass Pfarrer privat mit den besseren Familien verkehrten, war nicht unbekannt. Und dass in der Repräsentanz und im Presbyterium die Prominenz des Ortes saß, also kaum einfache Berg- oder Fabrikarbeiter, war ganz normal.

Gegen Pfarrer Luther bringen die Schreiber ähnliche Vorwürfe, wie sie in dem ersten Beschwerdebrief stehen. Aber radikaler wird gesagt: Dieser Pfarrer steht mit seinem gemeindlichen und seinem persönlichen Treiben gegen die Förderung des Reiches Gottes. Seine Ablösung wäre geboten.

Der Superintendent hatte natürlich die Beschwerdebriefe dem Gemeindepfarrer Luther zur Kenntnis gegeben. Am 1. Januar 1894 antwortet Luther mit diesem Brief:

„Euer Hochwürden!

Am Sonnabend, d. 30. Dezember teilten Sie mir den Inhalt einer Beschwerde mit, die von 8 Wernern Ihnen übersandt war. Als am Sonntagmorgen Beichte und hl. Abendmahl stattfand, bemerkte ich, dass auch der Bergmann Johannes Wolff unter den Abendmahlsgenossen war. Ich konnte mir nicht denken, dass jemand bei mir zum Abendmahl gehen würde, der einige Tage vorher derart schwere Anklagen gegen mich erhoben hatte und ließ infolgedessen den Joh. Wolff zu mir bitten am Sonntagmittag. In der Unterredung beteuerte er mir, er hätte keine Beschwerde gegen mich unterschrieben; er wäre in der Wohnung von Jakob Probst gewesen mit Heinrich Berger und noch einem anderen. Dort hätten sie beschlossen, gegen einzelne zu Repräsentanten Gewählte zu protestieren, dieser Einspruch sei zu Papier gebracht und von ihm unterschrieben. Über eine Beschwerde gegen mich sei gar nicht gesprochen, solange er zugegen gewesen; das muss nachträglich gemacht sein und sein Name darunter gesetzt. Er nannte mir noch jemand, der unterschrieben hätte, Dillenhöfer, auch diesen ließ ich heute, Montagmittag, zu mir bitten. Er versicherte aufs Bestimmteste, nicht zu wissen, was in dem von ihm unterschriebenen Briefe gestanden habe. Er habe auf seinem Bette gelegen, da sei Probst, in dessen Hause er wohnt, zu ihm gekommen und habe ihn gebeten, ein Schriftstück zu unterschreiben, es handele sich um Wahl der Repräsentanten. Sie wollten einige heraus tun, um von ihren Leuten verschiedene hinein wählen zu können, so ähnlich drückte er sich aus. Er habe nicht gelesen, was in dem Schriftstücke stand, sondern auf Treu und Glauben unterschrieben. Einer Beschwerde gegen mich würde er auf jeden Fall seine Unterschrift verweigert haben. Mehrere andere, deren Namen mir genannt wurden, z. B. Battefeld, der erst seit 1. November 1893 in Werne wohnt, zu mir zu bitten, habe ich unterlassen; Ich habe nur mit diesen beiden, Joh. Wolff und Dillenhöfer gesprochen.

Es scheint mir, dass nur Jakob Probst und Heinrich Berge die Beschwerde gegen mich verfasst haben, um sich zu rächen dafür, dass ich nicht für ihren Wahlzettel eingetreten bin und sie nicht gewählt sind.

Ich hege sogar den Argwohn, dass auch P. Weskott der Angelegenheit nicht fern steht, dass Berge vielleicht mit ihm darüber gesprochen hat.

Ich bitte ganz ergebenst, Euer Hochwürden wollen einer event. Unterredung jeden einzelnen und zwar unter 4 Augen, aufs Gewissen fragen, ob sie auch alle wissen, was sie unterschrieben haben.

Betreffs der Beschwerde habe ich Euer Hochwürden schon erklärt, dass ich verschiedentlich die Beichte ausgesetzt habe, nachdem die anwesenden 4, höchstens 5 ihr Einverständnis erklärten. Es war mir berichtet von Herrn Lehrer Hopff, der in Waldeck lange Jahre Lehrer war, dort werde keine Beichte gehalten, wenn unter 8 Teilnehmer zugegen seien. So hatte ich mich verleiten lassen zu glauben, ich dürfe im Einverständnis mit den Erschienenen die Beichthandlung ausfallen lassen; bedaure aber nun auf tiefste und schmerzlichste, dass es geschehen und verspreche fortan, auch wenn nur einer erscheinen sollte, die Beichte zu halten. Zu Herrn Lehrer Hopff, dem Organisten, hatte ich ausgesprochen, ich wollte auch durch das Ausfallenlassen der Beichte auch die ganzen Gemeindeglieder veranlassen, sich einmal angelegentlich mit Beichte und Abendmahl zu beschäftigen, dass manche vielleicht dadurch erinnert würden an ihre Pflicht, zum hl. Abendmahl zu kommen und dass dann durch diese Handlung nicht mehr aus Mangel an Teilnahme unterbleiben müsse. Das scheint auch eingetroffen zu sein, so weit es sich jetzt schon beurteilen lässt. Im August fiel zum letzten Mal die Beichte aus. Im September waren es 29, Oktober 43, Nov. 57 und Dez. 79 Abendmahlsgäste, welch letztere Zahl wir sonst nur am grünen Donnerstag erreichen. Der Abendmahlsbesuch ist durch die größeren Ferien der letzten Monate allein nun schon um etwa 130 Teilnehmer stärker gewesen als in den gleichen Monaten des vergangenen Jahres.

Die meisten gehen noch in Lütgendortmund zum hl. Abendmahl, weil sie in der Schule keine rechte Andacht fühlen zu können vermeinen, und weil die Schule auch zu klein ist.

In der Beschwerde stand weiter, ich hätte über den Missionsverein spöttisch gesprochen; ich habe Euer Hochwürden erzählt, was ich gesagt hatte, die Worte konnten ja in dieser Weise ausgelegt werden. Ich habe aber ausdrücklich am Schluss der Versammlung gebeten, das, was in der Versammlung unter uns gesagt sei, nicht sofort an die große Glocke zu hängen und darüber herzufallen. Bei dem Freisprechen kämen ja vielleicht öfter Worte, die man bei vorheriger Vorbereitung oder schriftlicher Fixierung nicht gebrauchen würde; man möge es glauben, die Worte, die ich sagte, kämen aus ehrlichem Herzen und so solle man sie auch auffassen;

ich könnte versichern, dass es niemals meine Absicht sei zu kränken und zu verletzen.

Die andern Beschwerden über Trunksucht, Unsittlichkeit und betreffs des Wortes „Martin, wo bist Du" (die übrigens Joh. Wolff, Bgm, gar nicht kannte, wusste auch nichts davon, dass die Bergleute unter sich dieselben sich spöttisch zugerufen hätten) mit dem, was dazu gehört, kann ich auf meinen abgelegten Amtseid hin nur als eine schmachvolle Verleugnung und Lüge bezeichnen.

Ich kann nur versichern, dass ich hoffe unter Gottes gnädigen Beistand mein Amt in der Gemeinde Werne führen zu können zu Seiner Ehre und zum Besten der Gemeinde. Ich hoffe auch, Gott werde mir helfen, die Beschwerdeführer zu überzeugen, ich meine es redlich ernst mit meinem Amt. Ganz ergebenst Martin Luther."

Der Pfarrer stellt zwei der Beschwerdeschreiber zur Rede, die beide ihren Protest gegen bestimmte Repräsentanten bestätigen, aber von der Polemik gegen ihn nichts gewusst hätten. Luther vermutet, dass Probst und Berger die Initiatoren des Briefes waren, hinter denen vielleicht sein Amtsbruder Weskott stehen könnte.

Im Blick auf die ausgefallene Abendmahlsfeier argumentiert Luther sehr geschickt. Sie habe dazu geführt, dass in der Gemeinde die Frage des Abendmahlsbesuchs neu diskutiert worden wäre und sich der Besuch verbessert hätte. In der Frage seines Spottes über den Missionsverein gibt er durchaus mögliche unvorsichtige Worte zu, aber betont, dass er nicht habe kränken und verletzen wollen. Alle übrigen Unterstellungen beurteilt er als „schmachvolle Verleugnung und Lüge." Und am Schluss beteuert er, dass er sein Amt in Ehre und zum Besten der Gemeinde führe.

Luther weiß sich hier gut zu verteidigen. Kleine Schwächen kann er durchaus zugeben, aber die Angriffe auf ihn, seine Amts- und Lebensführung hält er für den Teil einer Strategie bestimmter Gemeindekreise, ihn los werden wollen. Dass sich hinter den Anklagen vielleicht auch ernsthafte Anfragen an ihn verbergen, schließt er aus. Diese Kritik der „Frommen" erreicht ihn weder in seinem theologischen und pfarramtlichen Selbstverständnis noch in seiner persönlichen Lebensführung.

Dass er seinen Amtsbruder Weskott als Intriganten im Hintergrund vermuten kann, zeigt das zerrüttete Verhältnis zwischen den beiden „Amtsbrüdern". Weskott hatte die Muttergemeinde über die Ergebnisse der Wahl in Werne unterrichtet und beschreibt in einem Brief vom 30. Dezember 1893 an König einen für ihn ungeheuerliches Erlebnis mit dem Hilfsprediger. Dieser habe ihm schon vor der Wahl geschrieben, dass „das Presbyterium Lütgendortmund in Werner Angelegenheiten nichts mehr zu fragen und zu befehlen" habe. Luther sieht sich mit seiner neuen selbständigen Gemeinde in keinem Beziehungsverhältnis mehr zur Lütgendortmunder Muttergemeinde. Eine jahrhundertealte Beziehung wurde abrupt abgebrochen.

Der Superintendent hatte seine vorgesetzte Behörde, das Konsistorium in Münster, über den „Fall Luther" unterrichtet. Wie aus einem Brief vom 2. Januar 1894 hervorgeht, will man in Münster noch von einer endgültigen Regelung absehen und abwarten, wie sich die Dinge in Werne weiter entwickeln. In dieser provinzkirchlichen Oberbehörde der Preußischen Union hat man zu König das Vertrauen, dass er die Angelegenheit mit seiner Autorität vor Ort lösen wird.

Dieser schreibt nun am 3. Januar 1894 einen Brief an die gewählten Repräsentanten, gegen die protestiert worden war (Landwirt Hölterhof, Bauunternehmer Zipp, Gastwirt Rüsing, Direktor Reinhard, Weichensteller Schwacke, Gastwirt Scheidt):

„Hiermit teile ich Ihnen ergebenst mit, dass sie in der am 18. Dezember v. J. getätigten Wahl als Kirchenrepräsentant der Gemeinde Werne erwählt worden sind. Dass aber Protest gegen Ihre Qualifikation zunächst auf Grund der Schlussworte in den Bestimmungen des § 22 der Kirchenordnung, welche fleißige Teilnahme an dem Gottesdienste und heiligen Abendmahle als gegeben fordern, und sodann auf Grund der Behauptung erhoben worden ist, dass Sie sich verächtlich und spöttisch über Gottes Wort, das heilige Abendmahl und göttliche Dinge geäußert haben sollen. Vor der dieserhalb zu treffenden Entscheidung ersuch ich Sie um gefällige Äußerung."

Die Angeschriebenen antworten entweder brieflich (Zipp, Knemeyer, Reinhardt, Rüsing, Hölterhoff), oder König lädt zu einem Gespräch ein (Schwacke, Scheidt). Später führt er noch ein Gespräch mit fünf Beschwerdeführern. Der Superintendent nimmt sich viel Zeit, um seinen Beitrag in der Lösung der Konflikte in der jungen Gemeinde Werne leisten zu können. Er gibt allen Beteiligten die Chance, sich ausführlich zu äußern.

Als erster antwortet auf mehreren Seiten der Bauunternehmer Zipp. Es folgen Briefe von Knemeyer, von Reinhardt, von Rüsing und von Hölterhoff. Sie alle halten sich für gute kirchliche Christen, die auf Grund der beengten Verhältnisse der Werner Kirchenräume Gottesdienste in anderen Gemeinden besucht haben wollen. Massiv antwortet Herr Rüsing, der es unter seiner Würde hält,

„ein zweites Glaubensbekenntnis abzulegen und falschen Denunziationen einer Clique von Heuchlern entgegen zu treten, welche ihre Religion durch Kirchengehen etc. in ostentativer Weise zur Schau tragen. Ich habe nur den Grund, diese Anschuldigungen von mir abzuweisen, dass mein Gewissen mir folgt, dass ich in praktischer Religion ganz bestimmt nicht hinten anstehe, wie jede Beteiligung an Collekten, Angehörigkeit zum evangelischen Arbeiterverein sowie meine Beteiligung am Gottesdienste, Abendmahl etc. außer in den Kirchen Lütgendortmunds und Werne, auch Langendreer, Bochum, Laer, Lüdenscheid bezeugen (?, dass man in letzter Zeit in Werne selbst, wegen dem unzulänglichen und geradezu gesundheitsgefährlichen lokalen Verhältnissen am Gottesdienste nicht oft genug teilnehmen konnte, ist am Ende wohl zu entschuldigen und wird sich ganz bestimmt nach Fertigstellung einer neuen Kirche, der Besuch derselben nicht allein bei mir, sondern wohl im Allgemeinen heben."

Rüsing weist im Blick auf die frommen Heuchler – gemeint sind die Mitglieder des Missionsvereins – auf sein praktisches Christentum hin. Er formuliert aber auch einen Tatbestand, den man häufig hört: Die kirchlichen Räume sind zu klein. Der Bau einer Kirche ist unbedingt erforderlich. Der Inhaber der „Dampf-Korn-Branntwein-Brennerei, Liqueur- und Presshefen-Fabrik" H. Hölterhoff schreibt: „… jeder, der mich kennt, weiß, dass ich meinen kirchlichen Pflichten als evangelischer Christ stets ganz und voll erfüllt habe."

Hinter den Attacken gegen ihn vermutet er „Probst und Genossen" aus dem Evangelischen Arbeiterverein „mit ihren Hintermännern", denen man aber bei der Repräsentantenwahl widerstehen musste.

Einmütig wehren sich alle Angegriffenen gegen die Unterstellung, keine Christen zu sein, weil sie nicht zu den regelmäßigen Kirchgängern gehören. Sie wehren sich gegen die Urteile aus den Reihen des Missionsvereins und des Arbeitervereins. Es ist durchaus verständlich, wenn die

Erweckten sich gegen die mehrheitlich traditionellen Kirchenmitglieder in Stellung bringen und die Arbeitervereinsmitglieder ihre Probleme mit führenden Kirchenchristen aus der Wirtschaft haben. Religiöse und soziale Vorurteile und Urteile werden hier ihre Rolle gespielt haben.

Der Superintendent lädt dann die beiden Beschuldigten, den Weichensteller Hermann Schwacke und den Gastwirt Scheidt, zu einem Gespräch ein, über das er wieder ein von allen unterschriebenes Protokoll anfertigt. Beide bestreiten die gegen sie erhobenen Vorwürfe.

Das wichtigste Gespräch dürfte das mit fünf Beschwerdeführern am 15. Januar 1894 geführte gewesen sein. Das Protokoll heißt: „Es erschienen von den Gemeindegliedern, welche gegen die am 18. Dezember v. Jh. getätigte Wahl Protest erhoben haben, die Nachfolgenden:

1. Herr Jacob Probst
2. Herr Johannes Wolf
3. Herr H. Dillenhöfer
4. Herr Grebe
5. Herr Berge,

um sich näher über die Gründe zu äußern, welche sie zu ihrem Proteste bewogen haben. Die anderen fünf Gemeindeglieder waren durch ihre Arbeitsverhältnisse verhindert zu erscheinen. Es wurde den Erschienenen mitgeteilt, dass der gegen den Gastwirt Scheidt erhobene Einwand, der aus der angeblich römischen Erziehung seiner Kinder hergeleitet war, auf Irrtum beruhe, und dieser Irrtum von ihnen anerkannt. In Bezug auf den Weichensteller Schwake hielten sie den Einwand verächtlicher Äußerung über göttliche Dinge aufrecht und beriefen sich auf das Zeugnis des Bruders desselben, Maschinenwärter Schwake auf der Bramheide. In den übrigen Stücken halten sie ebenso ihren Protest gegen die Angefochtenen aufrecht wegen mangelnder Teilnahme am Gottesdienst und heiligen Abendmahl und tragen darauf an, dass von den Angefochtenen der Beweis ihrer Teilnahme am gottesdienstlichen Leben angefordert werde.

In Bezug auf unsere Einwendungen gegen Herrn Pastor Luther – erklären sie sodann – wünschen wir keinen Anlass zu geben, dass derselbe vom geistlichen Amte entfernt werde, aber bei dem ferneren Verbleiben desselben hier in der Gemeinde sehen wir wehmütig darein, weil wir glauben, der Genannte hat die Möglichkeit eines geistlichen und gesegneten Einflusses auf die Gemeinde verloren und weil wir fürchten, dass es eher schlimmer als besser mit ihm werden könnte, wenn er trotz allem seine Anstellung als Pfarrer der Gemeinde Werne erreichen sollte. Wir sind durch unsere Arbeitsverhältnisse in der Lage, die Ansichten und Äußerungen der Gemeindeglieder über ihn zu erfahren und können nur sagen, dass durch seine Haltung ein wahrhaft geistliches Leben in der Gemeinde gehindert wird. Zu der kirchlichen Bchörde haben wir das Zutrauen, dass sie die Gemeinde vor schwerer Beschädigung bewahren wird. Sollten wir dazu genötigt sein, so würden wir wohl Beweise beizubringen im Stande sein, wie sehr Pastor M. Luther sich durch seinen Lebenswandel im Ansehen der Gemeinde herabgesetzt hat."

Dieses Protokoll zeigt wieder eindeutig, dass man Luther nicht für einen geeigneten Pfarrer hält. Er hat für diese Männer aus unteren Kreisen nicht die Kompetenz, der Gemeinde ein geistlicher Führer zu sein.

Der Superintendent dürfte hin und her gerissen gewesen sein: Einerseits kann er diese radikalen Worte von Gemeindegliedern nicht überhören, auf der anderen Seite musste er die Auffassung der über den Pfarrer anders denkenden Gemeindegliedern berücksichtigen. Hatte er doch bei allem Streit am 1. November 1893 die Stelle als 1. Pfarrer in Werne angetreten. Es muss ihn also eine Mehrheit gewollt haben. Und für den Superintendenten und das Konsistorium konnten die Einwände einer aktiven Minderheit gegenüber Luther nicht ausschlaggebend sein, ihn nicht ins Amt des Gemeindpfarrers zu setzen. Sie dürften es gewohnt sein, immer wieder aus bestimmten Gemeindekreisen Beschwerden über die Gemeindepfarrer zu erhalten. Sie kannten sehr gut die Querelen und die inneren Kämpfe, die es in etlichen Gemeinden gab.

Luther wurde als Gemeindpfarrer durch den Superintendenten und das Konsistorium eingesetzt, als es in Werne noch kein ordentliches Presbyterium gab. Die ordnungsgemäße Wahl des Presbyteriums durch die Repräsentanten sollte nun am 15. Januar 1894 erfolgen. Bevor es dazu kam, erhielt König einen am 14. Januar geschriebenen Beschwerdebrief von Pastor Weskott. Dieser berichtet, dass Pfarrer Luther uneingeladen zur Presbyteriumssitzung in Lütgendortmund erschienen sei und sich so ungebührlich verhalten habe, dass er die Sitzung aufgehoben habe. Er bezeichnet Luthers Verhalten ihm gegenüber als „unverschämt" und fügt die Frage hinzu: „Dürfte es nicht wirklich an der Zeit sein, ihn in die Schranken zu weisen?" Die gegenseitige Abneigung blieb konstant.

Über die Presbyterwahl am 15. Januar 1894 selbst liegt eine spätere „Entscheidung" des Kreissynodalvorstandes vom 27. Januar vor. Der Superintendent hatte inzwischen den Kreissynodalvorstand eingeschaltet, der sich intensiv mit den Werner Vorgängen befasst hat. Die Entscheidung heißt:

„Am 18. Dezember v. Jh. fand die Erwählung der erstmaligen – 60 Repräsentanten der Kirchengemeinde Werne statt; am 15. Januar d. Jh. erfolgte die Wahl eines Presbyteriums. Gegen sieben der am 18. Dezember v. Jh. erwählten Repräsentanten ist Einsprache erhoben wegen mangelnder kirchlicher Qualifikation. Die Entscheidung über den erfolgten Protest steht noch aus. Die Wahl des Presbyteriums wurde daher von der um sieben gekürzten Zahl der erwählten Repräsentanten vollzogen oder vielmehr von 60 weniger 7 und 1, indem einer der Gewählten und Nichtangefochtenen in der Nacht vor dem Wahltage verunglückte. Das Wahlkollegium bestand somit nur aus 52 Mitgliedern, welche mit Ausnahme von zwei durch Krankheit Verhinderten – also in der Zahl von 50 – sämtlich anwesend waren. Die Erwählung der Presbyter erfolgte beinahe ausnahmslos einstimmig. Das Wahlresultat wurde in der vorgeschriebenen Form bekannt gemacht.

Inzwischen ist von einem der Gewählten, aber wegen angeblich mangelnder kirchlicher Qualifikation angefochtenen Herren Repräsentanten, H. Hölterhoff, in Werne durch Zuschrift vom 12. Januar, also vor Vornehmen der Wahl und wiederum durch Zuschrift vom 22. Januar nach erfolgter Wahl des Presbyteriums, Protest gegen die in Aussicht stehende bzw. vollzogene Wahl des Presbyteriums erhoben worden, weil der Herr Protestierende die Abhaltung der Wahl ohne seine Mitwirkung für nicht berechtigt hält. Eine weitere Begründung ist in dem Proteste nicht enthalten. Der Einspruch Erhebende scheint aber von der Annahme auszugehen, dass nur ein vollzähliges Kollegium berechtigt sei, Beschlüsse zu fassen und Wahlen vorzunehmen. Diese Voraussetzung würde eine irrige sein, wie schon in der Natur der Sache liegt und aus dem Umstande ersichtlich ist, dass in der Konsequenz dieser Annahme liegen würde, dass der Eintritt des plötzlichen Sterbefalles des einen erwählten Repräsentanten in der Nacht vor dem Wahltage gleichfalls die Vornahme der Wahl hätte verhindern müssen, auch wenn kein Protest gegen Einige der Erwählten erhoben worden wäre, dass aber weiterhin dann unter Umständen lange Zeit hindurch gar keine Wahl vorgenommen werden könnte, ja dass die Wahl des

Presbyteriums hätte aufgeschoben werden müssen bis zum regelmäßigen Ausscheiden des vierten Teiles und der Neuwahl der Repräsentanten durch die Gemeinde. Bekanntlich stellt aber die Kirchenordnung die Wahl eines Stellvertreters für einen ausgeschiedenen Repräsentanten, bez. für mehrere derselben durch Wahl seitens der verbliebenen Repräsentanten, also eines nicht vollzähligen Kollegiums fest, wodurch die obige Annahme hinfällig wird. Der Protest des Herrn Hölterhoff ist somit als nicht begründet abzuweisen."

Der Einspruch des Herrn Hölterhoff zeigt, wozu man sich versteigen kann, wenn es um die Verhinderung eines Ergebnisses geht, das einem nicht passt. Aber um diesen Einspruch abzuwehren, musste eine Extrasitzung des Kreissynodalvorstandes einberufen werden. Wie bei vielen inneren Gemeindeauseinandersetzungen kommt man leicht in die Nähe des Grotesken.

Mittlerweile sind nun alle Kirchenorgane (der Superintendent, der Kreissynodalvorstand und das Königliche Konsistorium in Münster) mit den Vorgängen in Werne beschäftigt. Der Superintendent berichtete dem Konsistorium kontinuierlich mündlich oder auf dem schriftlichen Wege über die Ereignisse in Werne. Er seinerseits konnte nichts unternehmen, wozu nicht das Konsistorium seine Einwilligung gab. Es dominierte die konsistoriale königliche Behörde, die ihrerseits als übergeordnete Behörde im summepiskopalen System den Evangelischen Oberkirchenrat (EOK) in Berlin hatte. Die kirchlichen Organe ihrerseits hatten ständigen Kontakt mit den staatlichen Provinzialbehörden und mit den zentralen Staatsbehörden, soweit sie verfassungsrechtliche Befugnisse in der Kirchenverwaltung und Aufsichtsrechte über kirchliche Behörden hatten. Zum Konsistorium gehörte als oberste theologische Instanz der Generalsuperintendent, der für die engeren theologischen und kirchlichen Grundsatzfragen und für die Seelsorge an den Pfarrern zuständig war.
Es war im Ganzen ein komplizierter Behördenapparat, der jeweils von Juristen, die vom König eingesetzt waren, geführt wurde. Der Konsistorialpräsident und der Präsident des EOK waren als Juristen die Vorsitzenden der Behörden, nur die jeweiligen Vizepräsidenten waren Theologen, die aber auch als Konsistorialbeamte vom König ernannt wurden. Und sie alle hatten – wie übrigens alle Pfarrer der Landeskirche – einen Eid auf

den Monarchen und damit auf die Monarchie zu leisten. In diesem staats-
kirchenrechtlichen System gab es keine gleichberechtigte Kommunikation
zwischen den presbyterial-synodalen Organen und den kirchlichen Staatsbehörden. Der Pfarrer und das Presbyterium vor Ort konnten diese Behörden nicht unmittelbar anschreiben. Es lief alles über den Superintendenten, der seinerseits alles weitergab an die jeweils zuständigen Behörden.
Auch deren Antworten liefen wieder zurück über den Superintendenten.
Diese Binnenstruktur des Kirche-Staat-Verhältnisses muss beachtet werden,
wenn man die Werner Ereignisse verstehen will.

Am 27. Januar 1894 schreibt Luther diesen längeren Brief an König:
„Euer Hochwürden!

Am vorigen Montag baten Sie mich, den Versuch zu machen, 2 der 7
Herren, gegen deren Wahl zu Repräsentanten protestiert ist, zur Verzicht-
leistung zu bewegen. Ich habe den Versuch gemacht, ohne Ihren Namen
zu nennen.

Die beiden Herren erklärten jedoch, abwarten zu wollen, ob die Behörde
ihnen die kirchliche Würdigkeit absprechen werde; sie fühlten sich als
richtige evangelische Christen, die den Glauben ihrer Väter hochhielten.

Ich möchte Euer Hochwürden bitten, von einer Nichtbestätigung absehen zu wollen, da nach meiner Überzeugung beide Herren kirchlich ge-
sinnt sind. Wenn sie die Gottesdienste in Lütgendortmund und Werne
nicht oder wenig besucht haben, so hat das seine besonderen Gründe, die
doch auch berücksichtigt werden dürften.

Herr Zipp erklärte, wie er Ihnen auch geschrieben habe, die Gottesdienste der beiden Pastoren in Lütgendortmund nicht besuchen zu können,
da er bei dem bekannten Hasse, mit denen sich diese Herren seit langen
Jahren verfolgten, nicht mit der rechten Andacht einer ihrer Predigten
von Liebe und Versöhnung folgen könne. Die Capelle in Werne könne er
nicht besuchen, weil er bei seiner großen, sehr kräftigen Gestalt nicht in
Bänken, die für Kinder von höchstens 14 Jahren berechnet seien, sitzen
noch viel weniger 20 Minuten während der Liturgie stehen könne. Ein
paar Mal habe er dem Gottesdienste im Flur stehend beigewohnt. Auch
im vergangenen Jahre sei er einmal in der Capelle beim Gottesdienst gewesen, aber es sei ihm nur mit der größten Mühe möglich gewesen, bis
zu Ende auszuharren. Ein solches Lokal, in dem es vorkomme, dass während eines Gottesdienstes 4 – 6 Personen ohnmächtig hinausgeleitet werden

müssten, – wie es tatsächlich geschehen ist – sei geradezu gesundheitsgefährlich. Er sei verschiedene Male in der Christuskirche in Bochum, in der Kirche in Witten und auch einmal in der Kirche in Langendreer gewesen.

Ich kenne Herrn Zipp, bei dem ich viel verkehre, genau. Er hat mir, nicht erst kürzlich, sondern seit Jahren öfters erklärt, er werde, sobald erst eine Kirche in Werne stände, die Gottesdienste regelmäßig besuchen. Ich kann nur noch hinzufügen, dass bei den Collekten Zipp immer einer der besten Geber ist, dass er mir gesagt hat, ich könne von ihm, sobald der Grundstein zur neuen Kirche gelegt sei, sofort 1.000 Mk. zum Besten des Baues erhalten, dass er und seine Frau immer bereit waren, sobald ich für einen Armen bettelte, auszuhelfen mit Suppen, Fleisch, Kleidungsstücken und Geld. Ich vermute, dass Pastor Weskott die Äußerung, die er vor 1/ 1/2 Wochen gegenüber einem unserer neu gewählten Presbyter getan hat, Herr Zipp habe seit 20 Jahren die Kirche nicht besucht, worauf ihm der Presbyter entgegnete, wie er eine derartige, völlig aus der Luft gegriffene Behauptung aufstellen könne.

Herr Scheidt, mit dem ich ebenfalls gesprochen habe, kann wohl nur mit Ihrem Worte, gemeint sei der Wirt, der die Gottesdienste in Lütgendortmund und Werne nicht besucht habe, bezeichnet sein. Ich traf ihn erst gestern. Im Laufe des Gespräches äußerte er, er sei aus den gleichen Gründen wie Herr Zipp nicht in die Kirche in Lütgendortmund gegangen. In die Werner Capelle könne er bei seinem Leiden, Leber- und Gallensteinleiden, nicht gehen. Einmal oder 2 mal, so genau erinnere ich mich seiner Worte nicht, sei er vor die Capelle gekommen, habe aber wegen Überfüllung beim Gottesdienste wieder umkehren müssen, dies könne er durch Zeugen beweisen. Er sei öfter dagegen in den Gottesdiensten in Uemmingen und später in Laer gewesen, wie denn aus diesem Bezirk, Rüsingstraße und Vollmond die meisten Leute die Gottesdienste von Uemmingen und Langendreer besuchen. Als ich ihn fragte, ob er Ihnen denn gesagt habe, dass er vergeblich zur Capelle in Werne gegangen sei, erwiderte er, danach hätten Sie nicht gefragt, und er habe in seiner Aufregung auch nicht daran gedacht.

Die Behauptung, er lasse seine Kinder katholisch werden, ist ja schon hinfällig geworden. Es müssen die Protestler sich gar nicht genau informiert haben, sonst hätten sie leicht erfahren können, was im ganzen Bezirk Rüsingstr. bekannt ist, dass gerade Scheidt nach seiner Verheiratung mit einer katholischen Frau große Kämpfe durchzumachen gehabt hat, bis er es durchsetzte, dass seine Kinder in der evangelischen Religion erzogen wurden. Sollte man seiner Wahl die Bestätigung versagen, so gäbe man seinen katholischen Angehörigen eine scharfe Waffe in die Hand. Auch würde es uns nach der Nichtbestätigung schwer werden, in Mischehen auf evangelische Kindererziehung hinzuwirken, und wahrscheinlich müssten wir oft den Vorwurf hören: Pflichten sollen wir wohl haben gegen die evangelische Kirche, aber Rechte will man uns nicht zugestehen.

Der andere Wirt Rüsing, gegen den protestiert ist, kann nicht gemeint sein, denn diesen habe ich selbst öfter in der Capelle im Gottesdienste gesehen. Alle anderen Beanstandeten haben die Gottesdienste in Lütgendortmund oder Werne besucht.

Das Beste wäre es vielleicht, wenn Euer Hochwürden den Wahlprotest dem Presbyterium Werne zur Begutachtung vorlegen wollten. Sie würden damit einem allgemeinen Wunsche der Gemeinde entgegen kommen. Ganz ergebenst M. Luther, Hilfsprediger

PS: Herr Hölterhoff sagte mir am Dienstag, er habe die Gültigkeit der Presbyterwahl angefochten, weil die 7 beanstandeten Repräsentanten nicht eingeladen seien. Als ich ihm erwiderte, die Wahl sei kirchenordnungsmäßig vor sich gegangen, erklärte er sich bereit, den Protest zurückzuziehen. Ob er es getan hat, weiß ich nicht."

Es wird deutlich, dass sich Luther für die Repräsentanten, die angegriffen worden waren, intensiv einsetzt. Das gilt vor allem für seinen guten Bekannten, den Bauunternehmer Zipp. Überhaupt hat er zu den politischen und wirtschaftlichen Kreisen in Werne gute Kontakte. Dem liberalen Bürgertum, das sich zu seiner Zeit zur nationalliberalen Partei hielt, stand er politisch nah.

Im nächsten Brief vom 12. Februar 1894 berichtet Luther dem Superintendenten:

„Euer Hochwürden, teile ich ganz ergebenst mit, dass ich am Sonnabend das hiesige Presbyterium zu einer kurzen Besprechung versammelt habe, um die Meinung der Herren über eine eventuelle Benutzung des Saales des „Missionsvereins" zu erfahren. Mit großer Entschiedenheit wurde der Gedanke, die Gottesdienste in den Saal des Missionsvereins zu verlegen, abgewiesen und zwar von sämtlichen anwesenden Presbytern. (Einer, Obersteiger Pottkämper, hatte sich wegen Krankheit entschuldigen lassen) Einige erklärten sogar, sie würden einer Einladung in jenen Saal keine Folge leisten können. Ihre Gründe waren folgende:

„1. habe die Capelle schon so lange zu Gottesdiensten gedient, so dass sie aus Pietät dieselbc nur aufgeben würden, wenn eine ordentliche Kirche, die sobald als irgend möglich zu erbauen sei, in Werne sich befände.

2. ließen sie sich bewegen durch schwere innere Bedenken.

Wenn das Presbyterium und die Repräsentation jenen Saal zuerst beträten und den Gemeindegliedern auf diese Weise empfehlen würden, so würde jene Gemeinschaft unzweifelhaft größeren Zulauf erhalten.

Die Elemente, die in jener Gemeinschaft schon jetzt vorhanden sind, aber bisher noch zurückgehalten seien, die zu einer Loslösung von der Kirche neigten, würden eine regere Arbeit entfalten und so könnte es geschehen, dass durch die Benutzung des Betsaals als gottesdienstliches Lokal der Gedanke an eine Loslösung von der Kirche bei einer größeren Zahl von Gemeindegliedern nicht etwa unterdrückt, sondern im Gegenteil so gestärkt werden könnte, dass er sich schließlich in die Tat umsetzen würde.

Als ich diesen energischen Widerstand sah, habe ich das Presbyterium und die Repräsentation auf Sonntag, d. 18. Febr. in die Capelle eingeladen. Vielleicht lässt sich in dieser Sitzung mehr erreichen. Es tut mir leid, dass es mir nicht gelungen ist, Ihren Wunsch zu erfüllen. Ganz ergebenst M. Luther. Hilfspr."

Dieser Brief gibt einen tiefen Einblick in die Zerrissenheit der Gemeinde. Der Missionsverein besaß einen großen Saal, der mehr Plätze hatte als die Kapelle. Das Presbyterium, das mehrheitlich mit Anhängern von Luther besetzt war, lehnt eine Verlegung der Gemeindegottesdienste in den Betsaal der pietistischen Gemeinschaft einstimmig ab. Es will einer Aufwertung dieser Gemeinschaft innerhalb der Gemeinde und eine mögliche Abwanderung aus der Landskirche in die Freikirche verhindern.

Das neue Werner Presbyterium verhandelt seinerseits am 20. Februar 1894 über den „Wahlprotest". Es heißt in dem Protokollauszug:

„… wird verhandelt über den Protest, der gegen sieben zu Repräsentanten gewählte Gemeindeglieder erhoben ist und von dem Presbyterium eine gutachtliche Äußerung erbeten.

In Bezug auf den gewählten H. Hölterhoff konnten die Anwesenden bezeugen, dass er an den Gottesdiensten in Lütgendortmund und auch wenigstens ein vereinzeltes Mal an dem hl. Abendmahl teilgenommen habe. In Bezug auf A. Zipp wurde von den Anwesenden betont, dass er sein Interesse zur evangelischen Kirche durch Teilnahme am evangelischen Arbeiterverein und Beiträge für evang. Zwecke stets bekundet habe; auch wurde bezeugt, dass seine Behauptung, einmal in Werne, 2 mal in Lütgendortmund am Gottesdienste teilgenommen zu haben, der Wahrheit entspreche. In Bezug auf manche Äußerungen in seinem Briefe wurde auf die große Erregung hingewiesen, welche der Protest bei ihm und den anderen Gemeindegliedern hervorgerufen habe.

In Bezug auf den Weichensteller Hermann Schwake wurde ein fleißiger Gottesdienstbesuch desselben bezeugt. Was die angeblichen Spöttereien über göttliche Dinge betrifft, so wurde darauf hingewiesen, dass der zum Zeugen angerufene Bruder desselben, Maschinenwärter Heinrich Schwake, mit ihm seit langer Zeit in Zwist lebe, derselbe auch als unzuverlässig bekannt und wegen Denunziationen von der Arbeit auf der Zeche entfernt sei, sodass dessen Zeugnis allein nicht würde maßgebend sein.

In Bezug auf den Lehrer Knemeyer wurde konstatiert, dass er am Gottesdienste öfter teilgenommen habe, während man über seine Teilnahme am hl. Abendmahl Bestimmtes nicht auszusagen wusste. Auch wurde mitgeteilt, dass er seit längerer Zeit leidend sei.

In Bezug auf den Gastwirt Scheidt wurde hervorgehoben, dass er es sich angelegen sein lasse, gelegentlich für die evangelische Kirche mit Bestimmtheit einzutreten und dass auch die katholische Frau desselben angeblich geneigt sei, die Aufnahme in die evangelische Kirche zu erbitten; auch werde seine schwere Erkrankung in Neuenahr bezeugt und wohl für möglich gehalten, dass er dort am hl. Abendmahl teilgenommen habe. Was im Übrigen die Teilnahme am Gottesdienst in Werne und Lütgendortmund betrifft, so ist zu den eigenen Erklärungen des Scheidt nichts hinzuzufügen.

In Bezug auf den Gastwirt L. Rüsing wurde von den Anwesenden dessen Teilnahme am Gottesdienst und hl. Abendmahl bezeugt.

Das Gleiche gilt in Bezug auf den Grubendirektor Reinhard, soweit es dessen Gottesdienstbesuch betrifft, während über seinen Abendmahlsbesuch Bestimmtes nicht mitgeteilt werden kann. Gez. Georg Alze, August Flasskamp, Rich. Pottkämper."

Das Presbyterium schließt sich voll und ganz den Argumenten ihres Vorsitzenden Luther an. Die Sitzung war eine reine Personaldebatte ohne besondere theologische oder kirchliche Problementfaltungen. Ihre einzige Sorge war, unter keinen Umständen den Missionsverein zu stärken. Für das Presbyterium war der Missionsverein mit seiner erwecklichen Frömmigkeit und mit seinen moralischen Kodices ein Fremdkörper in der Gemeinde, und für den Missionsverein war die übrige Kirchengemeinde keine missionarische Christusgemeinde. Ernsthafte Diskussionen zwischen den beiden Lagern scheint es nicht gegeben zu haben. Man lebte nebeneinander und gegeneinander.

Inzwischen war zur Verbesserung der räumlichen Verhältnisse in der Kirchengemeinde an die Kapelle ein Betsaal gebaut worden. Luther bittet in einem Brief vom 20. Februar 1894 den Superintendenten um die Gewinnung des Generalsuperintendenten zur Einweihung des Betsaales. Und er bittet um seine endgültige Einführung als Gemeindpfarrer an diesem Tag. Inzwischen war auch die Einrichtung einer 2. Pfarrstelle beschlossen werden. Das Presbyterium bittet den Generalsuperintendenten um die Namen von sechs Kandidaten für eine Probepredigt.

Über den Stand seiner Bemühungen um die Beilegung des großen Streites berichtet Luther:

„Ich traf den Wirt Scheidt, als er im Begriff war zu verreisen und nur noch im Fluge jene Erklärung auf das nächste, beste Papier werfen konnte, da ich sein Schreiben mir zur Weitersendung sofort ausbat.

Der Maschinenwärter Heinrich Schwake von der Brahmheide hat bis gegen 6 Uhr Dienst und habe ich ihn nach dieser Stunde zu mir bitten lassen. Soeben war er hier und erklärte, die Spöttereien seines Bruders seien unter 4 Augen gefallen; als ich ihn fragte, ob er Ihnen das persönlich sagen wollte, meinte er, das fiele ihm gar nicht ein, dazu nach Witten zu fahren.

Heute mittag traf ich Herrn Zipp und brachte die Rede auf den Austritt aus der Kirche. Er hat das so gemeint, er würde sich bei einer eventuellen Nichtbestätigung von der Gemeinde Werne trennen und einer Nachbargemeinde, Harpen oder Langendreer, anschließen können. Als ich ihm auseinandersetzte, das wäre nicht angängig, man könne nur aus der betreffenden Gemeinde ausscheiden, wenn man aus der Landeskirche austrete, erklärte er, einen solchen Schritt würde er um seines evangelischen

Die Kapelle mit Betstube und Schulraum (1897 abgerissen)

Bewusstseins willen niemals tun. Er bedaure es, dass er sich durch die Erregung, in der er sich damals befunden, zu einem so scharfen Schreiben habe verleiten lassen.

Ich möchte noch einmal herzlich bitten, wie auch gestern das Presbyterium bat, möglichste Milde in diesem Falle walten zu lassen und alle 7 Angefochtenen außer Scheidt, der auf mein Zuraten zurücktrat, bestätigen zu wollen; es würde das einen guten Eindruck hier hervorbringen. Ganz ergebenst M. Luther."

In größter Solidarität mit den Angefochtenen appelliert Luther an die Milde des Superintendenten, alle Sieben als Repräsentanten zu bestätigen. Aber der Superintendent will nicht alleine entscheiden und beschäftigt noch einmal seinen Kreissynodalvorstand mit den Werner Querelen. Dieser tagt am 26. Februar 1894 und fasst folgenden Beschluss:

„Der Protest gegen die Herren Hölterhoff, Rüsing, Direktor Reinhard und Schwake ist als unberechtigt abzuweisen, weil entgegen der Behauptungen des Protestes die genannten am Gottesdienst und heiligen Abendmahl Teil genommen haben und die angeblichen Spöttereien des Schwake in keiner Weise bezeugt sind.

In Bezug auf den Lehrer Knemeyer wird die endgültige Entscheidung ausgesetzt und beschlossen, zunächst dessen Äußerung über seine Teilnahme am heiligen Abendmahl (einzuholen).

Was den Zipp betrifft, so wird gleichfalls die Entscheidung ausgesetzt und beschlossen, den Genannten um nochmalige Äußerung über Bezugnahme auf die ungezogenen Äußerungen seines Schreibens, worin zugleich seine Stellung zum heiligen Abendmahl zu erwähnen sein würde, zu ersuchen. Bis zum Eingang der Äußerungen seitens der Letztgenannten und demnächstiger Entscheidung soll die Entscheidung der Protestierenden aufgeschoben werden."

Dieses Gremium weiß zu differenzieren. Es entlastet vier Herren von den gegen sie erhobenen Vorwürfen, in zwei Fällen soll noch einmal nachgefasst werden. Das macht der Superintendent sofort am nächsten Tag. Er schreibt an die Herren Zipp und Knemeyer und bittet noch einmal um ihre Stellungnahmen. Zipp antwortet, dass er bereit wäre zu einem persönlichen Gespräch mit dem Superintendenten. Knemeyer erklärt, dass er „nach bestem Gewissen" seinen Pflichten nachgekommen sei. Am 16. März verzichtet er aus gesundheitlichen Gründen auf sein Amt als „Kirchenrepräsentant", nachdem er auch vom Synodalausschuss dazu aufgefordert worden war.

Luther teilt nun am 14. März dem Superintendenten die Namen der Presbyter mit: 1. Landwirt Wortmann, 2. Landwirt Schulte-Limbeck, 3. Landwirt Baack, 4. Obersteiger Wiggershaus, 5. Landwirt Bolte, 6. Unternehmer Rüsing, 7. Landwirt Griep, 8. Consumverwalter Flasskamp, 9. Landwirt Heinz Wiethoff, 10. Wirt W. Kersten, 11. Landwirt Kohlleppel, 12. Maschinenmeister Alze.

Verzeichnet ist in dieser Liste der Pfarrer Gustav Rummeld (1867–1950), der 1894 auf die inzwischen eingerichtete 2. Pfarrstelle für Werne berufen worden war.

Mit dieser Etablierung des neuen Presbyteriums endete der lange Streit in der Gemeinde Werne um die Wahl zur Repräsentanz und zum Presbyterium. Dieser Streit gibt einen lebendigen Einblick in eine Kirchengemeinde, die vor und nach der Trennung von ihrer Muttergemeinde bei den Wahlen zu den Gemeindevertretungen der Repräsentanz und des Presbyteriums in denkbar schärfste Richtungskämpfe geraten war. Der Superintendent der Kreissynode Bochum und das Königliche Konsistorium in

Gustav Rummeld, 1. Inhaber
der 2. Pfarrstelle, 1894

Münster verfolgen diesen Gemeindekonflikt, der zugleich und vor allem um die Amtsführung und den persönlichen Lebensstil des jungen Pfarrers Luther geführt wird. Die Kirchenorgane bemühen sich um eine gütliche Beilegung des Streites, den sie aber beenden mit der Parteinahme für ihren Pfarrer, dem sie zutrauen, dass er in der Zukunft sein Amt besser führen wird. Sie kennen durchaus seine Schwächen, aber sie kennen eben auch das aggressive Vorgehen von frommen Kreisen gegen den Pfarrer, wenn er nicht ihren rigorosen Kriterien in der Amts- und Lebensführung entspricht.

Das Schicksal des Bruders Paul Luther

Martin Luthers älterer Bruder Paul hatte zum Ostertermin 1887 sein 1. Theologisches Examen in Münster bestanden und wurde vom 5. Oktober 1887 an Schul- und Pfarrvikar in Wallenbrück bei Spenge. Öfter wurde er vom Konsistorium aufgefordert, sich zum 2. Examen zu melden. Aber er schob es immer wieder auf. Der Ortspfarrer stellte ihm am 23. November 1891 ein Zeugnis aus, in dem es am Schluss hieß, „dass seine Führung dagegen nicht immer untadelig, sondern in einigen Stücken entschieden anstößig gewesen ist."

Am 7. September 1893 reicht ein Tischler aus Wallenbrück eine Beschwerde gegen den Vikar beim Konsistorium ein, dem ein Antrag des Presbyteriums, „betreffend die Eröffnung der Disziplinaruntersuchung gegen denselben wegen ärgerlichen und eines Dieners der Kirche unwürdigen Lebenswandels", folgt. Auf langen Seiten wird nun entfaltet, was die Gründe für die Forderung nach seiner Entlassung aus dem Schuldienst sind:

– Er stellt einem jungen Mädchen in aller Öffentlichkeit nach, dem er einen Zettel zugeschoben hat: „Nehme dich in mein Haus und heirate dich, wenn du es willst."

- Er besucht alle Schenken und Wirtshäuser in der Nähe und Ferne auf und verlässt sie total besoffen oder angetrunken. Die Folge: Er kommt nicht pünktlich zum Schulunterricht.
- Er besucht kaum die Morgengottesdienste und hält keine Kinderlehre.
- Trotz eines guten Gehaltes hat er große Schulden.
- Er besitzt und trägt einen Revolver bei sich.
- Er versäumt seine theologische Fortbildung und nimmt nicht am Gemeindeleben teil.
- Er stichelt gegen die „Frommen, Heiligen, Scheinheiligen …"
- „Er poussiert seine Schülerinnen."
- Er behandelt die Schulkinder mit brutalen Methoden.

Das Ergebnis: Die Eltern haben kein Vertrauen mehr zu diesem Vikar. Das Presbyterium verlangt seine sofortige Abberufung. Dieser kommt er dadurch zuvor, dass er selbst am 7. September 1893 sein Amt niederlegt. Zwei Tage später setzt er sich nach Holland ab und verschwindet aus dem Blickfeld. – Ob sein Bruder dieses Drama gekannt hat, lässt sich nicht ausmachen.

Kirche und Amt Werne (Blick von der Kreyenfeldstraße)

Der Bau der Kirche in Werne und das religiöse Leben

Über die nächsten Jahre nach dem ersten großen Konflikt gibt es wenige Quellen. Eine gewisse Normalisierung scheint eingekehrt zu sein. Ganz wichtig wurde der Bau einer neuen Kirche. Vom Bauern Kohlleppel erwarb man für 13.000 Mark ein Grundstück. Am 28. April 1895 erfolgte die feierliche Grundsteinlegung. Pfarrer Luther hielt eine Ansprache: „Dies ist der Tag, den der Herr macht". Er selbst war der eigentliche Motor auf dem Weg zu einer eigenen großen Kirche im Ortsteil Werne, nicht weit vom Amtshaus Werne entfernt. Er war versiert in Grundstücks- und Finanzierungsfragen wie in Fragen des öffentlichen Baurechts.

Bei der Grundsteinlegung wurde einer Zinkbüchse ein Dokument mit folgendem Inhalt beigegeben:

„Im Namen des Vaters, des Sohnes und des heiligen Geistes. Amen. Einen andern Grund kann niemand legen außer dem, der gelegt ist, welcher ist Jesus Christus.1. Cor. 3,11. Und der Herr, unser Gott, sei uns freundlich und fördere das Werk unserer Hände. Ja das Werk unserer Hände wolle er fördern. Ps.90,17. Freue dich und sei fröhlich, du Tochter Zion; denn siehe, ich komme und will bei dir wohnen, spricht der Herr. Sach. 9,9.

Im Jahre des Heils, 1895, den 28ten April, nachmittags 4 Uhr, unter der Regierung S.M. des deutschen Kaisers Wilhelm II ward feierlich der Grundstein der ersten evangelischen Kirche in Werne gelegt, nachdem am 25. März d. J. der erste Spatenstich getan und am 5. April d. J. der erste Mauerstein verarbeitet wurde.

Die evangelische Gemeinde Werne hat sich am 1. November 1893 neu gebildet durch Abtrennung von der Muttergemeinde Lütgendortmund, welche ihrer Tochtergemeinde eine Abfindung von 30.000 Mark mitgab.

Seit Hunderten von Jahren sind in der bis vor 50 Jahren hundert Seelen zählenden Gemeinde vereinzelte Gottesdienste von benachbarten Pfarrern gehalten worden, bis im Februar 1891 für die damals 5282 Mitglieder starke Gemeinde ständige Gottesdienste eingerichtet wurden. Sofort nach Abtrennung wurde beschlossen, eine neue, geräumige Kirche zu bauen und die alte, viel zu kleine Kapelle zu verlassen.

Der allgütige Gott, der uns bisher geholfen, wolle diesen Bau fortsetzen und vollenden helfen.

Die Kirche der evangelischen Gemeinde Werne erhebe sich auf dem ewigen Felsengrunde der göttlichen Heilswahrheiten, sie erhebe sich als ein Heiligtum, darin Gottes Wort und die unverfälschte Lehre evangelischen Bekenntnisses lauter und rein verkündigt werde, und die Sakramente nach Christi Einsetzung verwaltet werden als eine Hütte Gottes unter den Menschen, zum Zeugnis, dass Christus Jesus, der Sohn des lebendigen Gottes, gekommen ist in die Welt, die Sünder selig zu machen. Das walte Gott! Amen." (100 Jahre evangelische Kirche, S. 30f.)

Schon am 21. Oktober 1896 wurde die Kirche, die rund 165.000 Mark kostete, durch den Westfälischen Generalsuperintendenten Gustav Nebe eingeweiht. Die Kaiserin und Königin Auguste Victoria stiftete traditionsgemäß eine Altarbibel mit der Widmung „Sprüche 3, 5.6":
„Verlass dich auf den Herrn von ganzem Herzen und verlass dich nicht auf deinen Verstand. Sondern gedenke an ihn in allen deinen Wegen, so wird er dich recht führen".

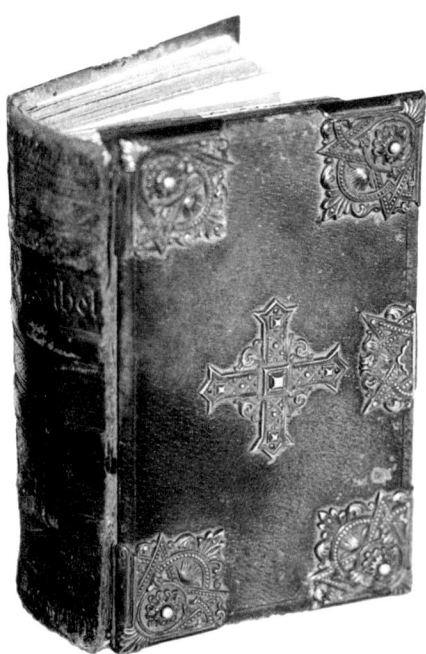

Altarbibel, gestiftet von Kaiserin Auguste Victoria, 21. Oktober 1896

Neben der Kirche errichtete man ein großes Pfarrhaus, das rund 20.000 Mark kostete. 1897 wurde die alte Kapelle abgerissen, die Jahrhunderte lang kirchlicher Mittelpunkt der Bauernschaft und des sich bildenden Bergbau- und Industrieortes Werne gewesen war. Die evangelische Kirche in Werne mit ihren 1200 Sitzplätzen wurde ein Wahrzeichen des Ortes und ein Zentrum kirchlichen Lebens. Sehr nüchtern beschreibt die Festschrift von 1921 die damalige „religiöse" Lage:
„Das geistliche Leben hatte damals in der Kirche, abgesehen von einzelnen Teilen unseres Vaterlandes, wo Gott Erweckungen ge-

Evangelische Kirche mit Pfarrhaus (vom Heerbusch aus gesehen)

geben hatte, einen tiefen Stand, ja der geistliche Tod beherrschte weite Strecken in der Kirche. Kirchliche Sitte und Gewohnheit waren noch da, auch diese schon bei vielen im Schwinden, durch den Materialismus, diese öde Weltanschauung, die Gott und Seele leugnet und nur diese sichtbare Welt als einzige Wirklichkeit ansieht, die das Evangelium des Fleisches predigt: „Macht hier euch das Leben gut und schön, kein Jenseits gibt's, kein Wiedersehn." Bewußt geistliches Leben gab's nur wenig, und was da war, wurde beargwöhnt. Eine Kirche aber ohne Leben ist wie ein Leichnam. Unsere Gemeinden müssen lebendig sein, und wenn sie's nicht sind, müssen sie es werden, und sie können es nur werden durch das Wort und den Geist Gottes, wenn der Geist Gottes die beherrschende Macht in den Seelen wird. Die urchristlichen Gemeinden, wie das neue Testament sie uns zeichnet, waren Geistesgemeinden, d.h. ihre Glieder waren durch Bekehrung und Wiedergeburt in bewusste Gemeinschaft mit Gott und Christus gekommen und führten ein Leben mit Gott, in Gott, für Gott, aus Gott. Das Ziel aller kirchlichen und christlichen Arbeit muss sein, diesem Ideal näher zu kommen."

Diese religiöse Zeitanalyse stammt von dem ausgesprochen pietistischen Pfarrer Rummeld. Ob sie die ganze Wirklichkeit der Kirche vor dem Ersten Weltkrieg trifft, darf man bezweifeln. Für ihn ist die Kirche die Gemeinschaft der Christusgläubigen. Dass die Christen vielleicht auch eine Mitverantwortung für gute Weltlichkeit haben, kommt diesem Erweckungsprediger nicht in den Sinn. Der reformatorische Ansatz, dass Glaube an Gott in Christus und das Mandat zur Gestaltung der Schöpfung dieses Gottes zu einer von Vernunft und Mitmenschlichkeit bestimmten Welt aufeinander bezogen sind, dieser Zusammenhang scheint ihm nicht gegenwärtig zu sein. Seine pietistische Frömmigkeit verliert den Blick für die weltliche Mitverantwortung der Kirche und ihrer Christen.

Dabei gab es in den achtziger und neunziger Jahren schon neben den von Pfarrern wahrgenommenen Gottesdiensten, Taufen, Trauungen und Beerdigungen wie dem Unterricht für Katechumenen und Konfirmanden eine Reihe von Vereinsgründungen, die weithin ein eigenständiges Leben entfalteten. So wurde in Werne am 15. März 1885 der Evangelische Arbeiterverein gegründet, der beim Wirt Kraney sein Vereinslokal hatte. Nach anfänglichen 70 Mitgliedern wurde er unter dem Vorsitz des Schlossermeisters Alze (1885–1900), des Materialverwalters August Fattiger (1900–1907) und seit 1907 des Betriebsführers Robert Lück immer stärker.

In der Festschrift der Gemeinde von 1921 wird er so charakterisiert: „Der Verein steht auf dem Boden des evangelischen Bekenntnisses und hat sich zur Aufgabe gemacht, unter Glaubensgenossen das evangelische Bewusstsein zu wecken und zu pflegen, seine Mitglieder sittlich zu heben und allgemeine Bildung unter ihnen zu fördern. Er ist ein Gegner des Klassenkampfes und will ein friedliches Verhältnis zwischen allen Berufsklassen wahren und pflegen. Seine Mitglieder in Krankheits- und Sterbefällen, sowie nach Möglichkeit auch unverschuldeter Notlage zu unterstützen, sieht er als seine heilige Pflicht an. Er vertritt bewusst die evangelische Weltanschauung in der Arbeiterschaft und will seinen Mitgliedern ein Schutz sein gegen die Sozialdemokratie, die in der Theorie wohl sagt: Religion ist Privatsache, in der Praxis aber Kirche und Christentum bekämpft hat und bewusst auf dem Boden der materialistischen, d.h. atheistischen Weltanschauung stand, wenigstens in ihren Gründern und Führern." (S. 28)

Pastor Rummeld trifft hier wieder nur die eine Seite des Arbeitervereins, der auch klare gesellschafts- und sozialpolitische Forderungen an die staatliche Gesetzgebung stellte und sich als Teil der christlich-sozialen konservativen Reformbewegung verstand. Die pietistischen Kritiker sahen darin natürlich eine Einmischung in weltliche Auseinandersetzungen, die nicht Sache der Kirche sei. In den Versammlungen des Arbeitervereins gab es nicht nur eine Andacht und Regelungen der sozialen Vereinszwecke, sondern auch Diskussionen über die soziale Lage der Arbeiter, über ihrer Rechte in der Arbeitswelt und über die Ziele einer gerechteren Gesellschaftsordnung, natürlich unter den Bedingungen der politischen Strukturen des Kaiserreichs.

Sehr eigengeprägt und selbständig in ihrer Frömmigkeit und Kirchlichkeit waren die dem Pietismus und der Gemeinschaftsbewegung nahe stehenden Christinnen und Christen, die mit eigenen Geldern am 1. März 1894 ein eigenes Evangelisches Vereinshaus gründeten, das für Jahrzehnte der Mittelpunkt des „Missionsvereins" wurde.

In der Festschrift heißt es: „Die Welt für Jesus, den Heiland der Welt, unter diesem Panier wird gearbeitet, das Wort Gottes verkündigt, Hausbesuche gemacht, die Kinder in der Sonntagsschule unterrichtet, christliche Schriften verbreitet, für die Heidenmission gearbeitet, der Chorgesang gepflegt ..." (S. 38)

Der Missionsverein verstand sich immer als besondere Gemeindegruppe im Gegenüber zu der durchschnittlichen Frömmigkeit und Kirchlichkeit der meisten Gemeindeglieder. Er entfaltete in der Tat große Aktivitäten. Er war eine Gemeinde in der Gemeinde. Pastor Rummeld stand diesem Verein sehr nahe und widmete ihm in Sonderheit seine pastorale Arbeit. 1894 wurde auch noch ein ostpreußischer Gebetsverein „Gott mit uns" gegründet, der sich auch der Seelsorge für die zugereisten Masuren annahm. Auch dieser Verein baute 1904 einen eigenen Saal für seine Arbeit. Rummeld resümiert: „Hier ist viel Treue und Gebet, Arbeit für den Herrn und seine Sache geschehen." (S. 40)

Auch hatte er einen Posaunenchor und einen gemischten Chor gegründet. 1897 wurde ein Jungfrauenverein gegründet, der zwei Wittener Diakonissen anstellte, die die politische Gemeinde bezahlte. In der Festschrift heißt es: „Der Verein pflegt edle Unterhaltung, Chorgesang, Spiele, Vertiefung in Gottes Wort und Anleitung zur Betätigung christlicher Liebe an Armen und Kranken." (S. 29)

Haus der Evangelischen Kirchlichen Gemeinschaft (Deutsches Reich 52)

Gemeindehaus (Lütge Heide 22)

1898 kam die Gründung eines Frauenvereins hinzu, dem Frau Direktor Ischebeck vorstand: „Er hat sich zur Aufgabe gestellt, die Arbeit der Gemeindeschwestern an den Armen und Kranken der Gemeinde fördern zu helfen durch Darreichung von Kleidungs- und Wäschestücken, die in den Vereinsstunden genäht werden und durch Bildung eines Kreises von Mitgliedern, die sich bereit erklären, für arme Kranke zu kochen." (S. 30)

1900 rief Pastor Rummeld einen Männer- und Jünglingsverein ins Leben, aus dem heraus sich ein weiterer Posaunenchor und ein Männerchor entwickelten. Das musikalische Leben wurde bereichert durch die 1903 erfolgte Gründung eines Kirchenchores, in dem bis 1907 Pastor Rummeld und dann bis 1913 Pastor Luther die Vorsitzenden waren.

Man wird sagen können, dass es eine Vielfalt von Gruppen und Vereinen gegeben hat, die viele Werner Bürger erreichten und mit ihren Veranstaltungen und mit ihren sozialen Diensten die Alltagswirklichkeit des Bauern- und Industrieortes mitbestimmten.

Im Jahre 1906 gab es vom 25. Februar bis 4. März eine große „Evangelisation", die für das Gemeindeleben sehr folgenreich werden sollte. Es wurden regelmäßige Bibelstunden eingeführt und die Zahl der religiösen kleinen Gemeinschaften vergrößerte sich. Es war der zu einem lebendigen Christusglauben bekehrte Pfarrer Rummeld, der innerhalb der Gemeinde nun eine „Kirchliche Gemeinschaft" bildete, die das innere und äußere Leben der Gemeinde weithin mitbestimmte. Sie stellte sogar einen Berufsarbeiter für Gemeinschaftspflege, Jugend- und Blaukreuzarbeit ein. Zu letzterer heißt es:

„Die Trinkerrettungsarbeit kostet viel Selbstverleugnung, und wenn sie Frucht bringen soll, muss fleißig gearbeitet und gebetet werden. Sie ist wie alle Arbeit im Reiche Gottes eine Glaubensarbeit. Wir rechnen nicht mit unserer Kraft, sondern mit der Kraft dessen, der Sünde, Tod und Teufel überwunden hat. In diesem Geist ist die Arbeit im Großen und Ganzen geschehen, und mancher Trinker hat's erfahren dürfen: Jesus macht frei, er zerbricht der Sünden Ketten und macht alles neu." (S. 33)

Die Notwendigkeit einer kirchlichen Arbeit gegen die Trinksitten besonders der unteren „Klassen" ergab sich aus der Tatsache, dass Alkoholexzesse an der Tagesordnung waren und Ehen und Familien zerrütteten. Der „trinkende Vater", aber auch die „trinkende Mutter" gehörte zur alltäglichen Wirklichkeit in den Arbeiterquartieren. Die Auflösung von sittlichen und moralischen Zuständen ließ viele Christen aktiv werden im Kampf gegen den Zerfall. Allerdings ist immer zu bedenken, dass die klare Mehrheit der Arbeiter und ihrer Familien eine eiserne Disziplin in der Arbeitsmoral und in ihrem Lebensstil praktizierten.

Ein brennendes Problem war die Kinderbetreuung und Kindererziehung. Die Gemeinde baute 1899 mit Hilfe der politischen Gemeinde eine Kleinkinderschule, die von einer Diakonisse geleitet wurde.

Diese und noch andere Aktivitäten lassen auf eine Mitarbeit vieler evangelischer Laien schließen. Was zu konstatieren ist: Die Kirchengemeinde Werne war in sich von sehr verschiedenen Vereinen und Gemeindegruppen bestimmt. Die sog. erwecklichen Kreise bildeten mit ihren missionarischen und diakonischen Aktivitäten weithin das Gemeindeleben. Dass es hier mancherlei Ursachen für Konflikte gegeben hat, versteht sich von selbst. Über alle Verschiedenheiten hinweg waren der sonntägliche Gottesdienst, der Kindergottesdienst wie der Katechumenen- und Konfirmandenunterricht die große Klammer, die alles einigermaßen zusammen gehalten hat.

Auch die mehr traditionelle Gemeinde entwickelte sich weiter. So errichtete sie 1909 den Bau eines größeren Gemeindehauses, das durch den Generalsuperintendenten Wilhelm Zoellner eingeweiht wurde. Auch stellte man für die aus der Schule entlassenen Mädchen eine Handarbeitslehrerin ein. Sie erteilte Unterricht „im Nähen, Stopfen, Flicken, Sticken" und in anderen hauswirtschaftlichen Fähigkeiten.

Da die Gemeinde immer mehr an Seelenzahlen zunahm, wurde beschlossen, eine dritte Pfarrstelle einzurichten. Der Superintendent und Präses Koch führten am 15. Oktober 1911 Pastor Johannes Müller (geb. 1874) in dieses Amt ein. Dieser gründete 1912 einen „Bibelkreis für höhere Schüler", nachdem zuvor eine Gruppe des „Jugendbundes für entschiedenes Christentum" ins Leben gerufen worden war.

Man wird sagen können, dass die Gemeinde Werne vor dem Ersten Weltkrieg ein durchaus lebendiges religiöses und kirchliches Leben entfaltet hat. Die einzelnen Aktivitäten genauer vorzustellen, ist aus Mangel an Quellen nicht möglich. Die beiden Pfarrer Luther und Rummeld scheinen sich arrangiert zu haben, indem sie für sich Schwerpunkte in der Gemeinde bearbeiteten. Rummeld stand mehr für die erweckten Kreise, Luther mehr für die traditionelle Kirchlichkeit. Die Pfarrer lebten mehr oder weniger für einige Jahre friedlich-schiedlich nebeneinander her. Von einem intensiven pfarrbrüderlichen Zusammenarbeiten hört man nichts. Jeder sammelte um sich seine „Personalgemeinde". Der Vielfalt der Gemeinde entsprach eine tiefe innere und auch organisatorische Zerrissenheit. Damit stand sie aber nicht allein in den Gemeindegeschichten des Ruhrgebiets.

Das Jahr der Heirat 1898

Das Jahr 1898 wird für Luther ein sehr lebendiges Jahr. Zunächst heiratet er am 3. Februar 1898 die Witwe Maria Henriette Wiethoff, die Frau des ehemaligen Gemeinderepräsentanten Heinrich Wiethoff. Die 1863 geborene Frau hatte drei Kinder: Helene (geb. 1885), Heinrich (geb. 1886) und Wilhelm (geb. 1888). Sie waren alle noch unmündig, als ihr Vater starb und ihre Mutter mit 35 Jahren den ein Jahr jüngeren Pfarrer Luther heiratete. Luther wurde nun Vormund dreier Kinder seiner Frau.

Nun hatte Luther seine Verheiratung nicht den Kirchenbehörden angezeigt. Ein Beamter des Konsistoriums entdeckte in der Rheinisch-Westfälischen Zeitung vom 3. Februar eine Hochzeitsanzeige von Luther:

„Ihre am 3. Februar d. J. stattfindende Vermählung beehren sich ergebenst anzuzeigen Werne Kreis Bochum Martin Luther, Pfarrer, Marie Luther, verw. Wiethoff, geb. Reckhard".

Der Konsistorialbeamte weist den Superintendenten auf die Pflichtverletzung Luthers hin, der nach einer Verfügung im Amtsblatt seine Hochzeit vor der Trauung hätte angeben und den Bekenntnisstand seiner Frau mitteilen müssen. Luther teilte daraufhin am 21. März dem Superintendenten seine Hochzeit und den „evangelisch-lutherischen Bekenntnisstand" seiner Frau mit und fügte in einer Anmerkung hinzu: „Dass ich die Vermählung nicht vorher mitgeteilt hatte, beruhte auf der irrtümlichen Annahme, die Vermählung müsse nachträglich angemeldet werden."

König führte in einem Brief an das Konsistorium vom 22. März 1898 folgendes aus: „Die Genannte (Frau Luther) war in erster Ehe verheiratet mit einem begüterten Landwirt der Gemeinde Werne, die Witwe verblieb auf dem Hofe und Pfarrer Luther hat nunmehr dort Wohnung genommen. Einige Kinder aus 1. Ehe der Frau sind, soviel ich weiß, vorhanden.

Die Heirat des Pfarrers Luther fand nicht die Zustimmung der auf dem

Hof noch lebenden Eltern und des eben dort lebenden Bruders des verstorbenen Ehemanns Wiethoff, sie wurde Anlass zu Streitigkeiten, und in
einem anberaumten gerichtlichen Termin, zu dem ich als Zeuge geladen
war, gelang es mir nur mit vieler Mühe, eine Versöhnung oder vielmehr
einen äußeren Vergleich zwischen den Parteien herbeizuführen und dadurch
zu verhüten, dass in der Öffentlichkeit Aussagen über frühere Vorgänge
gemacht wurden, welche, wenn auch vielleicht unbegründet, peinliches
Aufsehen erregt haben würden.

In der Gemeinde W. ist namentlich in Rücksicht auf frühere Vorgänge
die Heirat des Pfarrers Luther nicht ungeteilt freudig begrüßt worden."

Auf welche peinlichen Vorwürfe im Vorfeld der Hochzeit von Luther
mit der begüterten Witwe der Schreiber anspielt, lässt sich nicht mehr ermitteln. Jedenfalls scheint Luther Beziehungen zu verschiedenen Frauen
gehabt zu haben, vielleicht auch schon zu seiner späteren Frau. Dass eine
solche Hochzeit, die verbunden war mit dem Auszug des Pfarrers aus
seiner Dienstwohnung auf den großen Hof seiner Frau, zu Tratsch in der
Gemeinde geführt haben dürfte, ist nicht verwunderlich.

Als Marie Luther 1905 starb, gab es einen Gerichtsprozess um ihr
Erbe. Die eine Hälfte des Besitzes bekamen die drei Kinder, und die
andere Hälfte bekam Luther. Er verfügte nun über Ackerland, das sich als
Bauland gut verkaufen ließ.

Ende 1898 klagt der Landbesitzer Luther die Polizeibehörde in Werne
und den Amtmann von Werne Friedrich Kreyenfeld in Sachen einer ver-
zögerten Bauerlaubnis an. Er stellt in einem siebenseitigen Brief an den
Landrat von Bochum seine Sicht des Rechtsstreites dar. Der Landrat hält
die Klage nicht für berechtigt. Und das informierte Konsistorium hält
sich in dieser „Privatangelegenheit" nicht für zuständig. Luther hat diesen
privaten Rechtsstreit seitenweise dokumentiert. Er kann uns von seiner
rechtlichen Seite her weniger interessieren, aber er zeigt, dass Luther
neben seinem Pfarramt sich in diesen Jahren intensiv mit gemeindlichen
Bebauungsplänen und mit Grundstücksfragen beschäftigt hat. Auch findet
sich in seinen Unterlagen ein Überblick über Bergwerkskuxen. Er scheint
nach den in der Gemeinde umlaufenden Gerüchten etliche Beteiligungen
an Unternehmen gehabt zu haben. Aber sie lassen sich nicht exakt nach-
weisen. Was stimmt, ist dieses: er gehörte im Werner Arbeiterort zu denen,
die als wohlhabend galten.

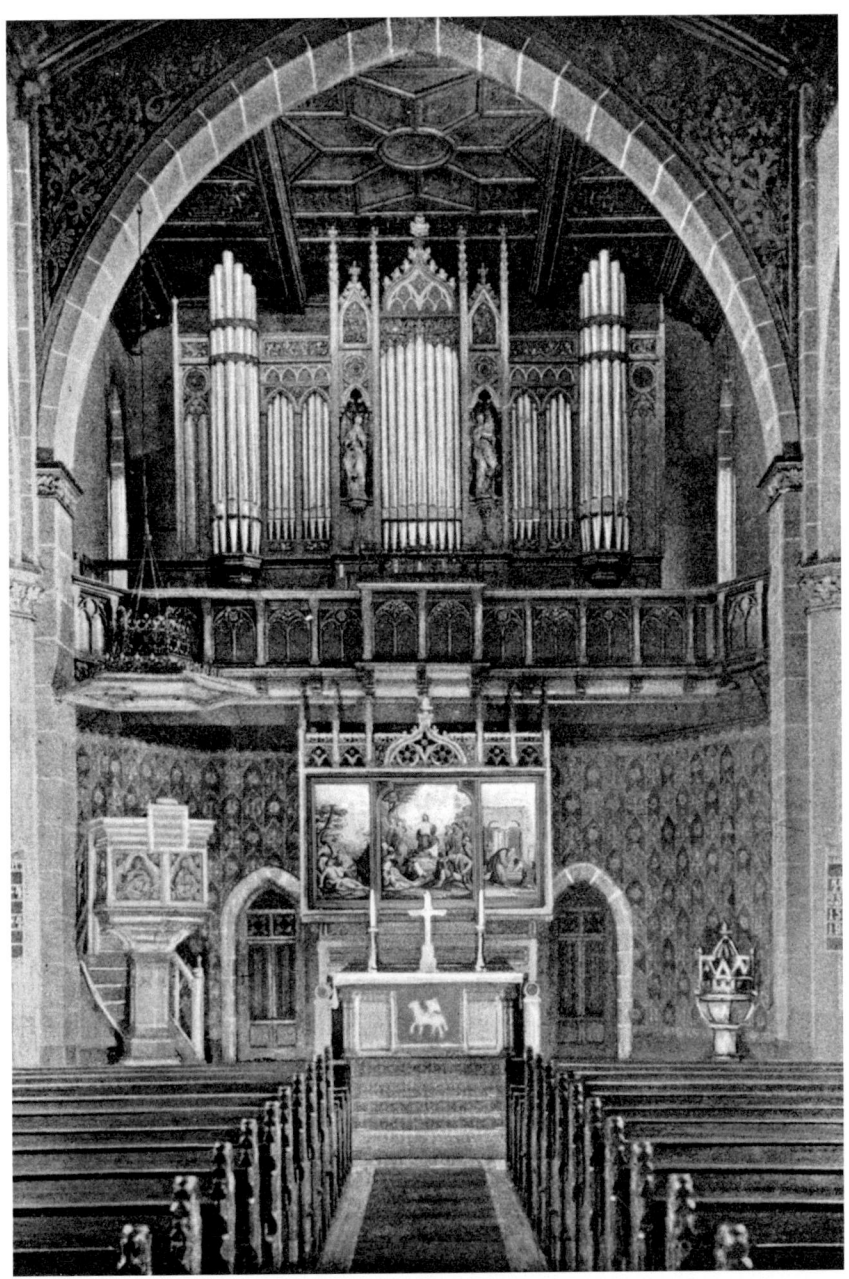

Altarraum der Evangelischen Kirche Bochum-Werne, 2. Ausmalung, 1922

Altar der Evangelischen Kirche Bochum-Werne.
Der hölzerne Altar besteht aus einem Altartisch, darauf stehend ein 80 cm hohes
Altarkreuz aus weißem Marmor, und einem dreigeteilten Altarbild, gemalt im
„Nazarener Stil" auf Kupferplatten. Das Bild in der Mitte zeigt eine Szene aus dem
Leben Jesu: Jesus sitzt erhöht, lehrt und verkündet einer Menschenmenge, die zu
seinen Füßen lagert. Daneben sind die zwei wohl bekanntesten Gleichnisse seiner
Verkündigung dargestellt: die Rückkehr des „Verlorenen Sohnes" (rechts) und das
Gleichnis vom „Barmherzigen Samariter" (links).

Jahre nach der Heirat

Über die Jahre von 1899 bis 1902 gibt es kein Archivmaterial. 1902 kommt es zu einem Streit zwischen dem Kreisschulinspektor Oppen in Bochum mit dem Ortsschulinspektor Luther in Werne. (Nach der damaligen Schulordnung konnte der Ortspfarrer von der Königlichen Schulbehörde als Schulinspektor über eine evangelische Volksschule eingesetzt werden). Worum es genau ging, lässt sich schwer ermitteln. Luther hatte eine Beschwerde gegen den Kreisschulinspektor geschrieben, die aber von der „Königlichen Regierung, Abteilung für Kirchen- und Schulwesen" in Arnsberg im Brief an Luther vom 24. Oktober 1902 zurückgewiesen wurde:

„Aus Anlass Ihrer Beschwerde haben wir von Ihrer an den Herrn Kreisschulinspektor gerichteten Eingabe vom 19. September d. Js. Kenntnis erhalten. Diese entspricht weder in ihrer äußeren Form und Sprache noch in ihrem Inhalt denjenigen Anforderungen, welche in Berichten von Beamten an die vorgesetzte Dienststelle erfüllt werden müssen und enthält beleidigende Ausfälle gegen Ihren vorgesetzten Kreisschulinspektor.

Wir nehmen an, dass Sie nach diesem Hinweis auf Ihre amtliche Stellung das Ungehörige dieser Eingabe selbst erkennen werden und begnügen uns damit, der bestimmten Erwartung Ausdruck zu geben, dass Sie sich den Anforderungen, welche für den Verkehr zwischen Staatsbehörden gestellt werden müssen, fügen werden."

Luthers Beschwerdestil scheint sehr provokativ gewesen zu sein. Er hatte es gewagt, überdeutlich einen preußischen Beamten anzugreifen. Über den Vorgang wurde natürlich auch das Konsistorium in Münster informiert, das keinen Anlass sah, sich zugunsten Luthers zu verwenden. Der Bescheid aus Arnsberg dürfte eine scharfe Zurückweisung des Beschwerdestils des Pfarrers sein, gleichzeitig aber auch das Selbstverständnis einer staatlichen Behörde zeigen, die mit ungewöhnliche Klarheit auf die Angriffe auf ihr Beamtenpotential reagiert.

Eine nächste Auseinandersetzung hat 1904 Luther mit dem seit 1896 amtierenden Amtmann von Werne Friedrich Kreyenfeld. Welchen Ruf dieser in Werne gehabt hat, zeigt dessen Todesanzeige:

„Heute Vormittag 4 ¾ entschlief nach kurzem Krankenlager der Amtmann des Amtes Werne Herr Friedrich Kreyenfeld. Der Verstorbene hat nahezu 9 Jahre der Verwaltung des Amtes Werne vorgestanden. Mit rastlosem Fleiße und voller Hingabe an seinen Beruf hat er all sein Können und seine ganze Kraft bis noch kurze Zeit vor seinem Tode dem Wohle des ihm anvertrauten Gemeinwesens gewidmet. Sein Streben ist vom schönsten Erfolge gekrönt worden. Was er in Werne an gemeinnützigen Einrichtungen und Verbesserungen geschaffen hat, wird allein schon auf lange Zeit hinaus die dankbare Erinnerung an den Verblichenen aufrecht erhalten. Aber auch die Rechtlichkeit und Unparteilichkeit, sowie das allen Gemeindegliedern ohne Unterschied des Standes und der Anschauung gezeigte Entgegenkommen sichern dem Verewigten die Verehrung Aller über das Grab hinaus. Uns wird er unvergesslich sein!

Werne, den 4. Mai 1905. Namens der Amts- und Gemeindevertretung: Der Amtsbeigeordnete u. Gemeindevorsteher: H. von Waldthausen."

Luther hatte gegen diesen Amtmann eine Beschwerde beim Regierungspräsidenten in Arnsberg eingereicht. (Der Wortlaut dieser Beschwerde ist nicht archiviert) Die Arnsberger Behörde antwortete Luther am 16. Mai 1904: „Auf die Beschwerde vom 20. März erwidere ich Euer Hochwürden nach eingehender Prüfung des Sachverhaltes, dass zu einem disziplinarischen Einschreiten gegen den Amtmann Kreyenfeld kein Anlass vorliegt. Die in Ihrer Beschwerde gegen den Amtmann erhobenen Vorwürfe sind unzutreffend."

Luther muss ein ausgeprägtes Selbst- und Rechtsbewusstsein gehabt haben, dass er sich mit ganz verschiedenen kommunalen Behörden anlegt. Aber auch hier muss er erfahren, dass der Untertan mit seinen Beschwerden in der Regel nicht ankommt. Wie üblich schickte der Regierungspräsident Luthers Beschwerde zur Kenntnisnahme an das Königliche Konsistorium in Münster. Dieses wiederum bittet den Superintendenten um eine Stellungnahme zu Luther mit dem Vermerk: „Ob etwa der Pfarrer Luther die Pflege seiner irdischen Interessen zu viel Aufmerksamkeit schenkt und sich in einer den Aufgaben seines Amtes nicht zuträglichen Weise in die Regelung der öffentlichen Angelegenheiten einmischt."

Diese Frage war nach den bisherigen Erfahrungen des Konsistoriums mit Luther durchaus berechtigt.

Der Superintendent antwortet am 6. Juni 1904: „Der Pfarrer Luther ist sehr erfahren in Verwaltungs- und Rechtsangelegenheiten; er hat ein ausgeprägtes Rechtsgefühl und lässt sich wohl leicht bestimmen, mehr als es im Interesse seines geistlichen Amtes liegt, seine wirklichen oder vermeintlichen Rechtsansprüche geltend zu machen; dass seine Erfahrung und sein Eifer für die Rechte der Gemeinde den äußerlichen Interessen derselben vielfach dienlich ist, wird anzuerkennen sein. Die seelsorgerliche Pflege der Gemeindeglieder und die innere Erbauung der Gemeinde wird nicht in gleichem Maße ihm anliegen."

Das Konsistorium schreibt zurück: „Euer Hochwürden wollen nach Möglichkeit auf den Pfarrer Luther in Werne dahin einzuwirken suchen, dass er sich die seelsorgerliche Pflege der Gemeindeglieder und die innere Erbauung der Gemeinde vor allem Anderem angelegen sein lässt."

Zu beachten ist, dass Luthers Beschwerden über kommunale Beamte natürlich auch sofort den kirchlichen Behörden zur Einsicht geschickt werden. Der entsprechende Schriftwechsel zwischen den verschiedenen Instanzen ist deshalb sehr intensiv. Luther ist eben nicht nur einfacher Staatsbürger, sondern zugleich ein Kirchenbeamter, der auf den König als Monarchen einen Amtseid geschworen hat. Er steht unter kirchenregimentlicher und staatlicher Aufsicht.

Zu beachten ist weiter, dass der Superintendent, der von allen Seiten immer bestens informiert wird, seinem Pfarrer Kompetenz in Verwaltungs- und Rechtsfragen und ein großes Rechtsgefühl bescheinigt, das für die Gemeinde vielfach von Vorteil gewesen sei. Aber er weiß auch, dass sein Engagement für das innere Leben der Gemeinde nicht so stark ausgeprägt ist. Diese seine Charakterisierung eines Pfarrers, der Kritik an weltlicher Amtsführung zu üben weiß und zudem in ökonomischen Fragen auch für sich selbst sehr aktiv ist, dürfte die Doppelstruktur dieses seines Pfarrers gut treffen. König kennt seine Stärken und Schwächen und ermahnt seinen Pfarrer immer wieder, seine Schwerpunkte auf die Verkündigung, auf den kirchlichen Unterricht und auf die Seelsorge zu legen. Bis jetzt hat er ihn nie undifferenziert charakterisiert oder ihm gar zur Niederlegung seines Amtes geraten.

Einen Einschnitt in das Leben des Pfarrers bildete der Tod seiner Frau am 2. April 1905. Welche Probleme sich daraus ergaben, zeigen die späteren Prozesse.

Das Krisenjahr 1906

Die nächste Auseinandersetzung lässt nicht lange auf sich warten. Wie Luther im Brief an den Superintendenten vom 25. November 1906 mitteilt, haben die Herren Fattiger und der Fabrikdirektor Ischebeck Anklagen gegen ihn erhoben. Er bittet darum, den Herrn Fattiger, der umgezogen sei, nicht zur beabsichtigten Vernehmung einzuladen. Und er nennt die Namen anderer Herren aus dem Presbyterium, die man befragen könne.

Es ist der Konsistorialpräsident Sydow, der am 10. November 1906 einen Bericht über ein Gespräch in Witten mit dem Bergwerksdirektor Ischebeck wiedergibt.

„Gelegentlich meiner Anwesenheit in Witten führte der Fabrikdirektor Ischebeck aus Werne, Landkreis Bochum, bei mir und dem Superintendenten Präses D. König mündlich im Tone tiefster sittlicher Entrüstung Beschwerde über das ungeistliche Verhalten des Pfarrers Luther in Werne, der sich um die dortige Kirchengemeinde ganz ungenügend kümmere, keine Hausbesuche mache, Krankenbesuche und Sterbende nicht aufsuche und sich die Pflege der kirchlichen Vereine ungelegen sein lasse, dagegen der Jagd in einer seines Wandels unwürdigen Weise obliege und dadurch in der Gemeinde Ärgernis gebe. In Folge dessen habe der Kirchenbesuch bereits erheblich nachgelassen und zahlreiche Austritte aus der Landeskirche seien zu erwarten, wenn nicht bald eine Besserung der kirchlichen Zustände in Werne herbeigeführt würde."

Der Betriebsführer Robert Lück, Mitglied des Evangelischen Arbeitervereins, erklärt sich in einem Schreiben an den Superintendenten bereit, zusammen mit Herrn Fattiger, der lange Jahre Presbyter gewesen sei, zu einem Gespräch zu ihm nach Witten zu kommen. Am 10. Dezember 1906 äußerte sich Herr Lück im angefertigten Protokoll vor dem Superintendenten:

„Die Gemeindeglieder klagen vielfach darüber, dass Herr Pfarrer Luther die Besuche in den Häusern unterlässt oder in sehr mangelhafter Weise sie ausübt – er ist in den ungefähr 11 bis 12 Jahren, in dem ich Repräsentant und Presbyter bin, einmal in meinem Hause gewesen, in den Häusern meiner Nachbarschaft, so viel ich weiß, auch nicht öfter – auch die Krankenbesuche sollen, wie die Gemeindeglieder sagen, nicht in treuer Weise von Pfr. Luther gepflegt worden.

Herr Pfarrer Luther hat auch den Evangelischen Arbeiterverein, den Kirchenchor, den Jungfrauen- und Jünglingsverein, den Frauenverein vernachlässigt. Ein Jahr lang hat er sich bei den Vorstandsversammlungen des Arbeitervereins nicht blicken lassen, ebenso selten bei den Arbeiterversammlungen, bei der Reformationsfeier ist er nur auf kurze Zeit erschienen, hat aber abgelehnt, ein Schlusswort zu sprechen, weil er unvorbereitet sei. Da auch Herr Pfarrer Rummeld nicht anwesend war, so mussten wir – ich bin zurzeit Vorsitzender des Vereins, damals war es Herr Fattiger – die Feier ohne Beteiligung eines Pfarrers begehen.

Es wird in der Gemeinde auch ausgesprochen, dass Herr Pfarrer Luther den Konfirmandenunterricht mit wenig Eifer und Hingabe erteile und solle die Konfirmanden mit Aufgaben beschäftigen, während er selbst untätig sei oder mit Lesen sich beschäftige. Konfirmierte Knaben, welche ich in unauffälliger Weise und mit aller Schonung der Autorität des Herrn Pfarrer Luther befragte, bestätigten das.

Außerdem ist es auffällig, dass Pfarrer Luther sich mit Billardspielen beschäftigt in demselben Wirtshause und zu derselben Stunde, wo der Kirchenchor tagt, ebenso gereicht es manchen Gemeindegliedern zum Ärgernis, dass Herr Pfarrer Luther an Jagden teilnimmt, indem sie einwenden, er könne die Zeit besser zum Besuche seiner Gemeindeglieder verwenden.

Es liegt mir ganz fern, erklärt Herr Lück schließlich, Herrn Pfarrer Luther Unannehmlichkeiten bereiten zu wollen, da ich aber in meiner Eigenschaft als Presbyter befragt bin, so glaube ich aussagen zu müssen, was ich für zutreffend halte. Im Übrigen führe ich den Namen des Kaufmanns und Presbyters Herrn Karl Oertel an, der wohl Aussagen zu machen in der Lage sein wird."

Dies Gespräch mit dem Presbyter Oertel findet am 20. Dezember 1906 statt. Protokolliert wird:

„Herr Oertel erklärt: mir persönlich ist weder der Lebenswandel noch die Amtsführung des Herrn Pfarrer Luther eine Ursache des Ärgernis gewesen. Im Presbyterium ist gelegentlich zur Sprache gekommen, ob es zu billigen sei, dass Herr Pfarrer Luther an Jagden teilnahm und dabei erwähnt, dass er sich den Besuch der Gemeindeglieder nicht in genügender Weise angelegen sein ließe. In letzterer Beziehung weiß ich aus eigener Erfahrung nichts auszusagen, da ich einem anderen Pfarrbezirk angehöre.

Über seine Treue in Erteilung des Katechumenen- und Konfirmandenunterrichts darf ich mir kein Urteil anmaßen, dass aber der Unterricht der Katechumen des Öfteren ausfiel, erregte meine Verwunderungen für Konfirmanden-Unterricht. (Hier) scheint Pfarrer Luther sich aller Gewissenhaftigkeit zu befleißigen; der Unterricht wird regelmäßig erteilt. Obschon mein Sohn den Unterricht besucht, weiß ich über die Art des Unterrichts nichts auszusagen, da ich Abstand genommen habe, meinen Sohn darauf zu befragen. Gelegentlich habe ich gehört, dass Pfarrer Luther die Mädchen durch die Knaben überhören lässt, ob er dabei pädagogische Rücksichten hat, weiß ich nicht zu sagen.

Dass Herr Pfarrer Luther Mitglied einer Gesellschaft ist und das Wirtshaus, in dem diese tagt, ist mir bekannt. Näheres ist mir aber nicht bekannt, da ich seit längerer Zeit die Gesellschaft nicht besuche. Anstoß hat er nur damit nicht gegeben, auch habe ich nicht von anderen gehört, dass sie Anstoß daran genommen haben.

Als früheres langjähriges Mitglied des Evang. Arbeitervereins habe ich öfter zu bedauern Gelegenheit gehabt, dass Herr Pfarrer Luther und auch Herr Pfarrer Rummeld sich des Kreises nicht annahmen. Unsere Einladungen blieben unbeachtet, so dass wir zuletzt übereinkamen, von den vergeblichen Einladungen Abstand zu nehmen. Auch auf einer größeren Versammlung außerhalb der Gemeinde ist die Vernachlässigung des Arbeitervereins durch die Herrn Pfarrer zur Sprache gekommen."

Es sind wieder die alten Klagen von aktiven Gemeindegliedern gegen die Amts- und Lebensführung des weltkundigen Pfarrers. Sie haben seit dem Beginn seiner Amtszeit Kontinuität. Wenn die Beschwerden stimmen oder nur annähernd stimmen sollten: Der Superintendent musste von Amts wegen ein Gespräch mit Luther führen. Zuvor schickte er ihm die Protokolle seiner Gespräche mit den Beschwerdeführern zu. Darauf antwortet kurz vor Weihnachten am 21. Dezember 1906 Luther mit einem längeren Brief an den Superintendenten:

„Auf die Ausführungen der Herren Lück und Oertel habe ich Folgendes zu erwidern. Ich gebe zu, dass ich in den letzten Jahren weniger Hausbesuche gemacht habe. Im Herbst 1903 erkrankte meine Frau an Scharlach und war bis zu ihrem Tode (März 1905) stets kränklich. Meine Tochter war im Frühjahr dieses J. 5 Wochen an schwerer Blinddarmentzündung bettlägerig und den ganzen Sommer sehr pflegebedürftig. Auch mein nun sechsjähriger Sohn war bis vor einem Jahr sehr viel kränklich. Alle die notwendig gewordenen Pflegen habe ich allein bei meiner Frau und meinen Kindern, insbesondere Nachtwachen, ausgeübt, nur morgens und abends kam auf je eine Stunde eine Pflegerin meiner Frau und Tochter, um die notwendigerweise von einer weiblichen Pflegerin auszuübenden Dienste zu verrichten. Darunter haben die Hausbesuche gelitten, auch die Kranken konnte ich in diesen Jahren nicht so häufig besuchen als ich wünschte. Ich erwähne jedoch dabei, dass wir 3 Krankenschwestern in der Gemeinde haben, die ganz regelmäßig die Kranken besuchen. Seit der Gesundung meiner Tochter habe ich die Kranken wieder regelmäßiger und öfter besucht, auch mehr Hausabende gemacht. Zu regelmäßigen Hausbesuchen bin ich nach meiner Vokation nicht verpflichtet. Ich habe auch jeden Kranken, von dessen Kranksein ich erfuhr, besucht. Es geschieht jedoch häufig, dass wir, auch die Krankenschwestern gar nichts von einer Krankheit erfahren und doch wundern sich die Betroffenen, dass sie nicht besucht seien.

Was die Vereine betrifft, so hat Kollege Rummeld die Pflege derselben speziell übernommen, während ich als Ortsinspektor die Schulen (34 evang. Klassen) unter mir habe, auch mit der Veranstaltung von Volksunterhaltungsabenden und anderen zu tun habe. Im evang. Frauenverein verwalte ich die Kasse, im Evang. Arbeiterverein bin ich Ehrenvorsitzender. Zu diesen evang. Arbeitervereinen bin ich, wie auch Kollege Rummeld, in den letzten Jahren wenig gekommen, weil der frühere Vorsitzende uns, die wir verschiedentlich verhindert waren, den Vorstandssitzungen beizuwohnen, nicht mehr einlud. Dieser frühere Vorsitzende hat dann auch, worauf Herr Oertel am Schluss hinwies, die Tatsache, dass wir den Arbeiterverein wenig besuchten, öffentlich erwähnt. Nachdem ein neuer Vorsitzender den Verein leitet, habe ich mit diesem die Sachlage besprochen, werde wieder eingeladen und komme regelmäßig.

Es ist eine Unwahrheit, wenn Herr Lück behauptet, dass ich bei der Reformationsfestfeier des Arbeitervereins nur „auf ganz kurze Zeit" erschienen sei; ich habe der Feier, bei der der Vorsitzende die Begrüßungsansprache und zwei Lehrer von hier sowie ein Oberlehrer Lehmann aus Langendreer, mit dem ich bis zum Schluss der Feier zusammen saß, Ansprachen hielten, und wobei unser Kirchenchor verschiedene Lieder sang, von Anfang bis Ende beigewohnt, was Herr Lück, den ich anfangs begrüßte, bekannt sein muss. Dem Vorsitzenden hatte ich einige Wochen vorher mitgeteilt, dass ich gerne kommen würde, hatte auch erwartet, ich solle eine Ansprache übernehmen. Nun war noch Pastor Bockamp zu einer Ansprache gebeten, aber im letzten Augenblick verhindert. Da sollte ich als Lückenbüßer einspringen, was ich unter den obwaltenden Umständen ablehnte mit der Begründung, ich würde es übernommen haben, wenn ich vorher darum gebeten wäre. Die Schuld trifft hier mehr den früheren Vorsitzenden, der in persönlicher Gekränktheit uns Geistliche nicht mehr einlädt. Die Schlussworte sprach dann der Vorsitzende.

Dass ich den Konfirmandenunterricht mit wenig Eifer und Hingabe erteile, bestreite ich und verweise hier nur auf das letzte Visitationsprotokoll vom 8.2.04 und die hierauf Bezug nehmende Verfügung des Königl. Kons. Dort wurde ausdrücklich ausgesprochen, dass wir Geistliche eifrig und treu an den Kindern arbeiteten. Und die Kinder, mit denen die bezügliche Unterredung stattfand, waren meine Konfirmanden. Ich berufe mich auch auf das Urteil der Presbyter, die jedes Jahr bei der Prüfung der Konfirmanden sich anerkennend ausgesprochen haben.

Wie viele Kollegen leide auch ich am chronischen Rachenkatarrh und lasse darum die aufgegebenen Aufgaben häufig durch Knaben, die ich dazu fähig halte, abfragen unter meiner Aufsicht, trage während dieser Zeit auch Taufbescheinigungen und Mitteilungen über Konfirmanden und Katechumenen, soweit ich dieselben nötig habe, ein oder schreibe hier und da eine Postkarte oder einen Brief für eins der Kinder um einen Taufschein.

Wenn behauptet wird, ich ließe öfter eine Stunde ausfallen, so ist der Ausdruck unrichtig, ich habe öfter eine Stunde verlegt. So habe ich z. B. die Stunden, die ich während meines Sommerurlaubs nicht habe halten können, in den Hauptferien nachgegeben und die Stunden, die am Tage der Tagung der Kreissynode sowie am Buß- und Bettage ausfielen, wie auch sonst jede Stunde, die gelegentlich ausfiel, vor- oder nachgegeben.

Meine Tochter ist Mitglied unseres Kirchenchores wie auch früher meine verstorbene Frau. Ich habe dieselben stets hin begleitet, bin früher auch öfter im Chor gewesen, später aber mehr unten im Gesellschaftszimmer der „Erholung" mit Herren wie Dr. Lüder, Direktor Schulze-Vellinghausen und anderen, wozu auch zuweilen Direktor Ischebeck gehörte. Häufig haben wir dort Billard, auch mit Dir. Ischebeck gespielt. Das etwa gewonnene Geld wurde größtenteils in eine dort befindliche Armenbüchse geworfen. Wenn meine Frau resp. Tochter im Chor fertig waren, gingen wir zusammen nach Hause. Auch sonst geh ich zuweilen in die „Erholung" Es ist wahr, dass ich seit stark einem Jahr an einer Jagd mich beteiligt habe. Das tue ich hauptsächlich aus Gesundheitsrücksichten, um mich zu zwingen, mich öfter bis zur völligen Ermüdung auszulaufen, wozu ich hier in unserem Kohlendunst wenig Gelegenheit, auch wenig Neigung habe. Im laufenden Jahre habe ich nur 5 mal an zusammen 10 Tagen mich dieserhalb aus der Gemeinde entfernt, habe mich niemals mit Flinte oder Jagdzeug gezeigt. – mein Sohn verkehrt mit dem Sohne des Herrn Dir. Ischebeck, daher wohl die Kenntnis dieses Herrn von der Tatsache. Durch Weitererzählen haben es dann wohl noch mehrere, so auch der Untergebene des Herrn Dir. Ischebeck, Obermeister Lück, erfahren. Dass jemand daran mit Recht Anstoß nehmen könnte, ist mir nicht ganz glaublich. Ich erkläre, dass ich den Verpflichtungen meines Amtes, wie meine Vokation sie mir vorschreibt, mit Treue und Gewissenhaftigkeit nachzukommen mich bestreben will, wie ich auch z.B. Hausbesuche, die ich in den letzten Jahren etwas vernachlässigt habe, seit Monaten sehr gepflegt habe, auch die Kranken viel häufiger als früher besucht habe. Nachdem nun die beiden Herren Lück und Oertel vernommen sind, bitte ich auch noch zwei weitere Herren des Presbyteriums, Herrn Grubeninspektor Becker und Herrn Landwirt Börnecke, um Herren aus allen Berufen zu hören, zu vernehmen bezüglich der Punkte in den Aussagen der Herren Lück und Oertel besonders, in denen ich Anstoß erregt haben soll und bezüglich meiner obigen Ausführungen, stelle das aber Ihrem Ermessen vollständig anheim. Mit ganz ergebenstem brüderl. Grüße M. Luther, Pfr."

Dieser Brief, der von seiner inneren Struktur her im Ganzen trotz gelegentlicher Eingeständnisse der Vernachlässigung bestimmter Amtspflichten eine große geschickte Rechtfertigung sein dürfte, kommt natürlich auch nach Münster. Der Superintendent muss dem Konsistorium vorgeschlagen haben, das ganze Presbyterium zu vernehmen. Denn am 15. Februar 1907 teilt dieses dem Superintendenten mit, dass man von einer Vernehmung des Presbyteriums Werne absehen wolle, aber der Pfarrer Luther solle sich am 22. Februar 1907 im Dienstgebäude des Konsistoriums am Domplatz 3 in Münster einfinden, um seinen Bericht vom 21. Dezember 1906 mündlich zu erläutern. Das geschah in der Tat. Im Protokoll wird ausgeführt:

„Heute erschien vor dem Generalsuperintendenten und dem Unterzeichneten (Zillessen) Pfarrer Luther aus Werne, um sich zu seinem Bericht vom 21. Dezember v. Js zu äußern. Er trat für diesen Bericht völlig ein, ohne das Ungenügende desselben und das Unpassende der von ihm selbst berichteten Vorgänge (Spiel in der Erholung, Jagd, Art des Unterrichts) anzuerkennen und meinte, völlig genug getan zu haben, den Verpflichtungen seines Amtes mit Treue und Gewissenhaftigkeit nachzukommen, namentlich in Bezug auf die Haus- und Krankenbesuche, die er in den letzten Jahren etwas vernachlässigt, seit Monaten aber sehr gepflegt habe.

Dass er durch Verfügung vom 8. Juni 1904 ermahnt worden war, dass er sich der seelsorgerlichen Pflege der Gemeindeglieder und die innere Erbauung der Gemeinde vor allem Anderen angelegen sein lasse, war ihm nicht erinnerlich.

Dass seine bisherige Amtsführung eine in verschiedener Beziehung „unwürdige" oder auch nur „nachlässige" gewesen sei, wollte er nicht zugeben; auf eindringliche Vorhaltungen des Herrn Generalsuperintendenten, seine ganze Amtsführung müsse auf einen völlig anderen inneren Grund gestellt werden, machten jedoch zum Schlusse jedoch einigen Eindruck auf ihn."

Sofort am nächsten Tag, dem 23. Februar schreibt Luther einen Brief an den Superintendenten:

„Gestern sind mir vom Herrn Generalsuperintendenten aus der Beschwerde des Herrn Direktor Ischebeck verschiedene Beschuldigungen vorgelesen, die ich in dieser krassen Form bisher noch nicht kannte, und die abgesehen von der Behauptung, ich sei an einer Jagd beteiligt, soweit sie mir verlesen sind, eine ganz gemeine Verleumdung darstellen wie die Behauptung z. B., ich besuchte überhaupt keine Kranken und Sterbenden. Wie ich schon gestern erklärt habe, besuche ich alle Kranken, von deren Krankheit ich Kenntnis habe, mindestens alle 8 – 14 Tage, die Schwerkranken öfters auch in den letzten Jahren. Zu meinem Bericht über die Vernehmung der Herren Lück und Oertel habe ich dasselbe gemeint, mich nur ungenau ausgedrückt, indem ich sagte, ich hätte infolge der vielen Krankheiten im eigenen Hause in den letzten Jahren die Kranken nicht so oft besuchen können, wie ich wünschte, d.h. also öfter wie alle 8 – 14 Tage.

Hierdurch frage ich nun gehorsamst an, ob das Königliche Konsistorium gewillt ist, für mich die Klage wegen Verleumdung gegen den Herrn Direktor Ischebeck erheben zu wollen oder andernfalls mir eine genaue Abschrift der Beschwerde des Herrn Dir. Ischebeck aus den Akten übersenden zu wollen, damit ich imstande bin, durch gerichtliche Verhandlung die Beschwerde des Herrn Direktor Ischebeck als eine Verleumdung festzustellen. Dazu scheint mir der gerichtliche Weg geeigneter.

Sollte das Königliche Konsistorium keinen meiner beiden Wünsche erfüllen wollen, so werde ich die Klage wegen Verleumdung gegen den Herrn Direktor Ischebeck erheben und zur Feststellung des genauen Inhalts der Beschwerde den Herrn Präsidenten des Konsistoriums, den Herrn Generalsuperintendenten und den Herrn Präses König als Zeugen vorschlagen müssen."

Das Konsistorium teilt Luther mit, dass es nicht gedenke, den Direktor Ischebeck zu verklagen. Grundlage seines Verhörs sei ausschließlich sein eigener Bericht vom 21. Dezember 1906 gewesen. Und das Konsistorium stellt fest:

„ Auf Grund Ihres Berichtes vom 21. Dezember v. Js steht fest:

1. Sie in den letzten Jahren weniger Hausbesuche gemacht und auch die Kranken seltener besucht haben, was seit Gesundung Ihrer Tochter wieder regelmäßiger geschehen sei. Die für diese Versäumnisse angeführten Gründe – Krankheit der Frau und Kinder – sind nicht ausreichend, zumal Krankheit und Leid im eigenen Hause geeignet sein müssen, die Teilnahme am fremden Leid zu verstärken und zu vertiefen. Dass 3 Krankenschwestern in der Gemeinde ganz regelmäßig die Kranken besuchen, hat mit der Ausrichtung Ihres Amtes gar nichts zu tun.

2. Sie geben zu, dass Sie sich seit längerer Zeit und öfter an der Jagd beteiligt haben, dass es Ihnen aber nicht ganz glaublich sei, dass daran jemand mit Recht Anstoß nehmen könnte. – Darin irren Sie. Man hat tatsächlich daran Anstoß genommen

§ 68 Zit. 11 Teil 1 des Allg. Landrechtes bestimmt: „Auch in gleichgültigen Dingen müssen sie (die Geistlichen) alle Gelegenheit zum Anstoße für die Kirchengemeinde sorgfältig vermeiden." In der Allerhöchsten Kabinettsorder vom 10. August 1829 ist es zum Ausdruck gebracht, „dass der Ausübung der Jagd für den Beruf eines Predigers nicht passe."

Wir müssen es daher als unpassend bezeichnen, dass Sie nach Ihren mündlich hier gemachten Mitteilungen im Verein mit einer Anzahl anderer Herren eine Jagd mit 18.000 Morgen in der Gemeinde Wolfshagen bei Cassel gepachtet und dort einige Male im Jahre der Jagd obgelegen haben. Wir untersagen Ihnen die Ausübung der Jagd für die Zukunft.

3. Ferner geben Sie zu, dass Sie, während Ihre verstorbene Frau und Ihre Tochter an den Übungen des Kirchenchores in den oberen Räumen des Hauses der Gesellschaft Erholung teilnehmen, häufig in den unten gelegenen Gesellschaftszimmer der „Erholung" um Geld Billard gespielt haben. Das gewonnene Geld sei zum größten Teil in eine dort befindliche Armenbüchse geworfen worden.

Wir müssen es als unpassend und für die Gemeinde anstößig bezeichnen, dass ein Pfarrer im öffentlichen Lokale um Geld spielt und sprechen die bestimmte Erwartung aus, dass Sie sich dessen in Zukunft enthalten werden.

4. Sie haben nach ihrem eigenen Bericht in den kirchlichen Unterrichtsstunden die aufgegebenen Aufgaben häufig durch Knaben, die Sie dafür fähig hielten, unter Ihrer Aufsicht abfragen lassen, auch während dieser Zeit Taufbescheinigungen und Mitteilungen über Konfirmanden und Katechumenen eingetragen, und zuweilen eine Postkarte oder einen Brief für eines der Kinder und einen Taufschein geschrieben.

Wir können in diesem, allem gesunden pädagogischen Grundsätzen widersprechendem Verfahren nur eine gröbliche Vernachlässigung Ihrer Amtspflicht in Bezug auf die Erteilung des kirchlichen Unterrichtes erblicken. Der Versuch, dieses Verfahren durch Hinweis darauf, dass Sie an einem chronischen Rachenkatarrh leiden, zu rechtfertigen oder zu erntschuldigen, ist völlig verfehlt, da Sie gerade bei dem Überhören der zu lernenden Aufgaben Ihre Stimme gar nicht anzustrengen brauchen.

Wir untersagen Ihnen daher nachdrücklich, die im kirchlichen Unterricht befindlichen Katechumenen und Konfirmanden durch Mitschüler überhören zu lassen und machen es Ihnen zur Pflicht, sich während des Unterrichts jeder anderen Tätigkeit zu enthalten.

Auf Grund der vorstehend erörterten Tatsachen sprechen wir Ihnen hierdurch unsere ernste Missbilligung über die nachlässige Führung Ihres Amtes aus und erteilen Ihnen auf Grund von § 8 des Kirchengesetzes betr. die Dienstvergehen der Kirchenbeamten vom 16. Juli 1886 hierdurch einen Verweis.

Zugleich geben wir der Hoffnung Ausdruck, dass Sie in Zukunft eine gewissenhafte, treue Amtsführung in allen Beziehungen sich werden angelegen sein lassen, wie Sie das am Schlusse Ihres Berichtes vom 21. Dezember v. Js. versprochen haben."

Das dürfte ein selten klares Wort der kirchlichen Oberbehörde in Westfalen gewesen sein. Man akzeptiert nicht die Interpretationen seines Verhaltens. Man verbietet ihm das Jagen, das Billardspielen und seine Praxis im Konfirmandenunterricht. Es ist der Verweis, der die Lebensweise und die Amtsführung scharf kritisiert. Aber am Schluss mahnt man den Getadelten wie schon öfter zur gewissenhaften Amtsführung. Man wird sagen können, dass die Kirchenbehörde bei aller Kritik an dem ihr nicht unbekannten Pfarrer Luther ein hohes Maß an Zurückhaltung gezeigt hat, ihm die Amtsführung grundsätzlich abzusprechen. Es bleibt bei einem Verweis, der in die Personalakte abwandert.

Natürlich ist diese Entscheidung dem Superintendenten mit dem Vermerk zugeschickt worden, „das persönlicher Verhalten des Pf. Luther im Auge zu behalten" und „binnen Jahresfrist" zu berichten.

Die Krisenjahre 1908/09

Dieser Bericht scheint nicht geschrieben worden zu sein. Denn für 1908 stand eine neue große Auseinandersetzung auf der Tagesordnung. Es beginnt mit einem Bericht vom 20. Juni 1908 des „Königlichen Amtsgerichts" in Bochum an das Konsistorium in Sachen „Vormundschaft Wiethoff". Es wird mitgeteilt, dass Luther bis zum 2. Juni 1905 (also nach dem Tod seiner Frau) durch den Verkauf von Grundstücken 161.436 Mark eingenommen habe. Gekauft habe er für den Hof Grundstücke im Werte von rund 14.000 Mark. Im Blick auf die Tatsache, dass er bei dem „große Grundstücksgeschäft" vom 5. November 1907, bei dem er Bauland an die Gemeinde Werne verkauft habe, „könne man kaum (als) etwas Anderes als ein Spekulationsgeschäft größten Stiles" bezeichnen. Ohne nach dem vorliegenden Material genauer angeben zu können, was Luther im Einzelnen getan hat, ist es der generelle Vorwurf gewinnbringender Grundstücksspekulationen. Er verkaufte und kaufte Grundstücke, um höchste Gewinne zu erzielen. Und das alles auf dem Gebiet seiner Kirchenge-

Boltestraße mit Zeche Robert Müser

Kokerei Robert Müser

meinde. Interessant sind folgende Sätze des Amtsrichters Moellenhoff: „Wir sind an dem Gelingen der seelsorgerischen Arbeit der Geistlichkeit in Hinsicht auf Reinhaltung der Ehe und Erhaltung der Ordnung in den Arbeiterfamilien wegen der Kindererziehung erheblich interessiert. Die Aufgabe der Geistlichkeit ist namentlich erschwert durch das starke Herumfluten der Arbeitermassen. Im Jahre 1905 betrug der Wechsel der Arbeitsstelle bei den Bergarbeitern in den beiden für uns maßgeblichen Bergrevieren Bochum Nord für 57 % bzw. 96 % der Gesamtbelegschaft, im Jahre 1906 aber sogar 100 %, s. die Jahresberichte des Allgemeinen Knappschaftsvereins ... Solcher, auf dem spekulativen Ausbieten der Arbeitskraft in der Regel beruhenden Wechsel bedeutet bei dem Bergmann wohl mindestens auch Wechsel der Wohnung, weil die Arbeitsstelle durch den Fußpunkt des Schachtes gegeben ist und diese Punkte weit auseinander zu pflegen liegen."

Was der Amtsjurist wohl sagen will, ist, dass sich die Geistlichkeit um das geistliche Wohl der Bergleute kümmern sollte und nicht wie der Pfarrer Luther an ihren vielen Wohnungswechseln durch Verkauf von Land verdiene, auf dem Arbeiterwohnungen errichtet werden. Der Pastor des Ortes verdient an dem Wohnungsbedarf der Bergleute durch ein teures Verkaufen seines Ackerlandes als Bauland.

Der Superintendent ist in einem Brief an das Konsistorium dieser Auffassung: „Die Handlungsweise von P. Luther erscheint mir sehr anfechtbar, wenn auch keinen Anlass bietend zur Erhebung eines Strafantrags; ob eine kirchenaufsichtliche Aufforderung zur Rechtfertigung am Platze ist, wage ich nicht zu beurteilen. Das Ansehen des Pf. Luther in der Gemeinde betreffend beziehe ich mich auf meinen Bericht von heute in Sachen Kirchenvisitation Werne."

Der Superintendent bleibt seiner bisherigen Linie treu: er missbilligt das Verhalten Luthers, sieht aber keinen Grund für die Erhebung eines Strafantrages gegen ihn. Er will nach Möglichkeit die Probleme im Gespräch mit Luther lösen und ihn auf konzentrierte Gemeindearbeit verpflichten. Man wird sich vorstellen können, wie in einer Arbeitergemeinde die Grundstücksverkäufe des Pfarrers, die nicht unbekannt bleiben, von vielen Gemeindegliedern kritisch bis entrüstet bewertet werden. Das Konsistorium seinerseits eröffnet auf Grund der ihr durch die staatlichen

Behörden bekannt gewordenen Mitteilungen ein „ehrengerichtliches Verfahren" gegen Luther. Er wird zum 30. Juli nach Münster zitiert und es wird protokollarisch festgehalten:

„Es erschien auf Vorladung der Pastor Martin Luther aus Werne und erklärte: Es ist richtig, dass ich von meinem Stiefsohn Heinrich Wiethoff wenige Tage nach dessen Großjährigkeit in Minden am 5. November 1907 dessen von seiner Mutter geerbten Hof gekauft habe und zwar angegeben für 75.000 Mark im notariellen Vertrag. Von den 75.000 Mark sind 45.000 Mark auf Lasten angerechnet, die auf dem Grundstück ruhen, während der Rest mit 30.000 Mark bei der Auflassung gezahlt werden sollte. Ich erkenne an, dass der Hof mit Rücksicht auf seine örtliche Lage teilweises Baugrundstück innerhalb der Bebauungsplanung des Dorfes Werne einen Wert von 120–125.000 Mark hat. Ich bedaure, dass wir bei der notariellen Verhandlung nicht den richtigen Wert angegeben haben, um Kosten zu sparen. Dagegen muss ich ganz entschieden bestreiten, dass ich damit etwa meinen Stiefsohn habe übervorteilen wollen. Denn wenn in dem Vertrage die Lasten mit nur 45.000 Mark in Anrechnung gebracht sind, so ist das viel zu gering gewesen. Wie die mit der Bitte um Rückgabe überreichte Aufstellung d. d. Minden 5. November 1907 beweist, sind die Lasten auf 76.750 Mark festzusetzen, wozu Unterhaltskosten mit 10–12.000 Mark hinzukommen, welche im Übrigen auch viel zu gering berechnet sind, da schon jetzt mein Stiefsohn in seinem bis zum 1. Oktober währenden Einjährigenjahr über 5.000 verbraucht hat und noch mehr als 1.000 Mark gebrauchen wird. Eine Anrechnung meines Nießbrauchsrechts an dem Hofe ist bei dieser Lastenaufstellung gar nicht einmal erfolgt.

Bei dieser Berechnung ergibt sich, wie bei dem notariellen Kaufvertrag. ein bar zu zahlender Kaufpreiss von 30.000 Mark. Das ganze Geschäft mit Heinrich Wiethoff hat den Zweck, alle meine 4 Kinder später für meinen Erbfall gleichzustellen wie dies auch dem Willen meiner verstorbenen Frau entspricht. Sofort am Tage der Auflassung habe ich nämlich ein Testament aufgesetzt und unter den Wertpapieren der Kirchenkasse im eisernen Geldschrank deponiert, wonach für den Fall meines Todes mein jüngster Sohn Wilhelm als Ausgleich 30.000 Mark voraus haben soll, während mein gesamtes übriges Vermögen allen Kindern gleichmäßig zufallen soll. Dabei will ich anführen, dass mein freies Vermögen einschließlich einer Lebensversicherung aber ausschließlich des von Heinrich Wiethoff erworbenen Hofes ca 200.000 Mark beträgt.

Ich habe bis zum Abschluss des Rezesses vom 1. Februar 1906 den Heinrich Wiethoff aus den allgemeinen Mitteln mit unterhalten. Nach Genehmigung des gedachten Rezesses hat er 300 Mark jährlich von mir zum Unterhalt erhalten. Die Festsetzung dieser Summe ist nicht auf meinen Vorschlag geschehen, ich habe sie auf andersweitigem Vorschlag akzeptiert. Das Mehr, was an Unterhaltskosten bis zur erreichten Großjährigkeit entstanden ist, habe ich beim Vormundschaftsgericht gerecht liquidiert und aus dem zur Verfügung stehenden Barvermögen des H. Wiethoff von 2.948,71 Mark in dieser ungefähren Gesamthöhe erstattet erhalten.

Zur Deckung der Unterhaltskosten des Heinrich Wiethoff habe ich mich übrigens in Abweichung der überreichten Festsetzung vom 5. November 1907 entschlossen, was ich auch dem H. Wiethoff demnächst mitteilen werde und was ich bei meinen Stiefkindern Wilhelm und Helene Wiethoff auch entsprechend bereits getan und ausgeführt habe, den durch den Zinsvertrag nicht gedeckten Betrag aus eigenen Mitteln zuzuschießen, so dass dem Heinrich Wiethoff das Kapital von 30.000 Mark unversehrt erhalten bleiben soll, bis er sich selbst unterhalten kann. Ich habe die Mitteilung an Heinrich Wiethoff bisher unterlassen, um ihn nicht zu größeren Ausgaben zu verleiten. In diesem Jahr werde ich ihm über 5.000 Mark aus meinen Mitteln zu gewähren haben.

Meiner Meinung nach ist Heinrich Wiethoff durch den Kauf nicht nur nicht geschädigt, sondern besser gestellt. Würde er den Hof behalten haben, so würde er nach Abzug aller Lasten und Steuern nach meiner Rechnung 800 – 1.000 Mark behalten, während er jetzt Zinsen in Höhe von 1.200 Mark bezieht und ich ihm meinerseits die zur Erziehung nötigen erheblichen Zuschüsse leiste.

Der Kauf ist im vollständigen Einverständnis des Heinrich Wiethoff und der übrigen Kinder abgeschlossen. Versuche der Verwandten, ihn zur Anfechtung des Kaufvertrages zu bestimmen, hat er schweigend ignoriert. Ich kann keineswegs zugeben, dass Heinrich Wiethoff unerfahren ist und die finanzielle Wirkung des Geschäfts nicht hat übersehen können, zumal ich vorher alles mit ihm genau durchgesprochen habe. Auch geldbedürftig war Heinrich Wiethoff durchaus nicht. Wenn er auch nur 300 M. zu beziehen hatte, so war es selbstverständlich, dass ich ihm auch anders geholfen hätte, um sein Jahr abzudienen und seine Erziehung zu vollenden, wenn er einen entsprechenden Wunsch irgendwann ausgesprochen hätte. Auch würde ihm seine Schwester sofort das nötige Geld zur Verfügung gestellt haben.

Ich will auch noch besonders bemerken, dass Heinrich Wiethoff seit den letzten Jahren Lust gezeigt hat, den Hof selbst zu bewirtschaften. Sein Wunsch geht dahin, Amtmann zu werden, worauf er sich bereits 1 ½ Jahre vorbereitet hat. Auch scheint es mir unter den jetzigen Verhältnissen nicht mehr möglich, die den Hof bildenden Parzellen von zusammen 68 Morgen ohne weiteres Betriebskapital, das Heinrich Wiethoff aber nicht zur Verfügung steht, landwirtschaftlich zu bewirtschaften.

Ich habe den Hof an mehrere verpachtet, an Pacht beziehe ich insgesamt, soweit ich es heute angeben kann, circa 4.500 M. Die Parzellen werden von den Pächtern größtenteils als Gartengrundstücke bewirtschaftet. Veräußert habe ich von dem Grundstück bis jetzt eine Parzelle von etwas über 40 Ruthen für 6.200 M. nach Abzug der Kosten.

Mir ist nicht erinnerlich, dass ich zu dem Vormundschaftsrichter einmal erklärt habe: Es sei überhaupt nicht richtig, dass Heinrich Wiethoff so viel oder den ganzen Hof bekäme. Es käme ja im Übrigen darauf an, in welcher Form die Äußerung geschehen sein soll. Jedenfalls habe ich nur aussprechen wollen und gedacht, meinem Stiefsohn den Hof zu missgönnen oder ihn ihm rechtswidrig zu entziehen.

Mit dem Gegenvormund Börmecke stehe ich derart in Geschäftsverbindung, dass ich mit ihm als alleinigen Teilhaber als Genossenschaft mit beschränkter Haftpflicht eine Ziegelei besitze. Mit der Geschäftsführung habe ich nichts zu tun. Ich bekümmere mich auch sonst um die Sache nicht. An dem Geschäft bin ich mit 30.000 Mark Einlage von dem Vermögen meiner Stieftochter beteiligt. Die Ziegelei, die 1905 oder 1906 aufgeführt ist, steht auf einem benachbarten Grundstück des Börnecke, ein Teil der Schuppen auf meinem Grundstück. Die Rohmaterialien werden unter anderem auch aus meinem Grundstück gewonnen und nach Maß bezahlt.

Ich halte mich zu diesem Geschäft für berechtigt, da mir die Art der Geldanlage m. E. unbenommen ist und ich in keiner Weise geschäftlich mit tätig bin. Ich glaube die vorliegenden Beschwerden auf die mir feindlich gesinnten Verwandten des 1. Mannes meiner Frau, ausgeschlossen den Wilhelm Wiethoff sen. zurückführen zu sollen, die den vergeblichen Zweck verfolgen, Misstrauen zwischen mir und meinen Stiefkindern zu säen, wie sie dies von Anfang an getan haben. Hermann Wiethoff ist Halbbruder des Mannes meiner Frau, der früher den Hof selbst übernehmen wollte, Baeck ein Vetter."

Dieser ausführliche Rechenschaftsbericht, der zum Hintergrund die komplizierten Vormundschaftsregelungen und die Eigentums- und Vermögenslage nach dem Tod der Frau Luther 1905 hat, dürfte überdeutlich zeigen, dass Luther sich bemüht hat, das Erbe der unmündigen Kinder zu ihren Gunsten zu verwalten und auch zu vermehren. Er stellt sich dar als der jederzeit verantwortlich Handelnde in den schwierigen Details der vormundschaftlichen Verwaltung des Erbes seiner drei Stiefkinder. Die Situation wurde schwieriger, als der älteste Sohn Heinrich Wiethoff großjährig wurde. Luther vermittelt das Bild, dass er versucht habe, mit ihm zu einvernehmlichen Lösungen zu kommen. Nie habe er versucht, ihn zu benachteiligen, sondern ihm geholfen, wo er nur konnte. Kurzum: er meint, auch wenn er einzelne Fehler gemacht habe, ein gutes Gewissen haben zu dürfen. Auch seinen Anteil an der Ziegeleigesellschaft hält er für rechtlich und moralisch unbedenklich.

Luther schaltet nach dem Verhör in Münster den Rechtsanwalt Frackmann aus Dortmund ein, der unter dem 5. August eine Eingabe an das Konsistorium macht, in der er zunächst den Verhandlungsstil des Konsistorialrates Dr. Richter rügt, der „voreingenommen und befangen" gegenüber Luther aufgetreten sei. Und dann schildert er den ganzen Vorgang der Eigentums- und Vermögensregelung, wie ihn sein Mandant Luther gesehen und zu Protokoll gegeben hatte. Aber das Konsistorium lehnt es gegenüber Frackmann ab, auf seine Darstellungen einzugehen, da ja ein offizielles Disziplinarverfahren gegenüber Luther noch nicht eingeleitet sei. Und in der Tat: noch waren es Voruntersuchungen der Luther vorgesetzten kirchlichen Behörde.

Es ist Dr. Richter, der in einem Brief an den Konsistorialpräsidenten zu den Beschuldigungen gegen seine Verhandlungsführung eingeht und schreibt:

„Die Unterstellung, als ob ich von vorneherein die Beschuldigung für vollständig erwiesen gehalten hätte, ist durch nichts begründet. Richtig ist nur, dass ich allerdings aus dem Studium der Akten den Eindruck eines stark bedenklichen Geschäfts erhalten hatte, eine Anschauung, die nicht nur der Vormund hatte, sondern die auch der Vormundschaftsrichter teilt. Ich war deshalb bemüht, der Sache auf den Grund zu gehen. Wenn der Pfarrer Luther ausweichen wollte, habe ich mich mit seinen Erklärungen nicht begnügt, habe ihm vielmehr die leicht mögliche schärfere Beurteilung der Sache und seiner Handlungsweise vorgehalten. Ironische und höhnische Behandlung habe ich ihm nicht zuteil werden lassen, wenigstens habe ich sie in keiner Weise beabsichtigt. Wenn Pfarrer Luther immer wieder darauf zurückkam, dass durch den Verkauf des Hofes sein Stiefsohn günstiger als sonst gestellt sei, habe ich ihm, nachdem ich ihn mehrfach sachlich nachzuweisen gesucht, dass dies Exempel von mir nicht anerkannt werden könne, erwidert: „Das ist Ihre Auffassung, allerdings sind 1.200 Mark mehr als 300 Mark jährliche Rente." Auch die dem Pfarrer Luther für seine Handlungsweise angetragenen idealen Gründe habe ich nicht ohne weiteres gelten lassen, da ich sie bei der Sachlage ohne weiteres nicht anerkennen konnte. Hier habe ich ihm bei der Vernehmung sagen müssen, indem ich ihm auch hier zum Ausdruck brachte, wie die Sache anders schlimmer beurteilt werden könnte. Gegen die von mir ausgesprochene Möglichkeit einer anderen Beurteilung protestierte Pfr. Luther bisweilen – m. E. ohne Gründe, wenn ihm vielleicht auch die ganze Sache naturgemäß unangenehm war.

Dass ich Pfr. Luther gleich zu Anfang gefragt, ob er nicht sein Amt sistieren und Geschäftsmann werden wolle, ist unrichtig. Nach Schluss der Verhandlungen sagte ich etwa: Ich habe keinen Auftrag zu der Frage, aber nach dem ganzen Eindruck der Verhandlungen und in Hinblick auf Ihre Personalakten möchte ich Ihnen doch die Frage stellen, ob Sie nicht freiwillig auf Ihr Pfarramt verzichten wollen? Luther entgegnete: wie sollte ich dazu kommen? – Darauf erklärte ich etwa: Sie scheinen mir weniger für Ihre pfarramtliche Tätigkeiten eingenommen zu sein und mehr auf anderem Gebiet Ihre Interessen zu haben, bei Verzicht auf das Pfarramt würden Sie frei in der Lage sein, als Geschäftsmann sich zu betätigen. – Ich bemerke dazu, dass Pfr. Luther nach den Vormundschaftsakten weitgehend Parzellenverkäufe mit den Grundstücken seiner Frau getrieben hat, von dem neuen Hof des Heinrich Wiethoff inzwischen auch bereits eine Parzelle verkauft hat und, wie er selbst zugab, an einer Ziegelei beteiligt ist; dies alles war vorher mit ihm erörtert.

Dass die Verhandlungen für den Pf. Luther eine Tortur waren, will ich glauben, die Sache war ihm offenbar selbst bedenklich geworden. Ich fühle mich schuldlos daran.

Den Namen des Beschwerdeführers habe ich nicht genannt, weil die Sache an uns „vertraulich" vom Vormundschaftsgericht gekommen war, also Persönliches nicht in Betracht kam für die Verteidigung des Pfarrers. Die Bemerkung, er habe einfach auf die Fragen zu antworten, ist in dieser oder ähnlicher Art nicht gemacht. Von einer Verteidigungsbeschneidung kann keine Rede sein, einmal absolut nicht in sachlicher Beziehung, dann aber auch nicht in formaler Hinsicht, da ein Verfahren gegen Pfarrer Luther ja noch gar nicht schwebte.

Das Verlangen, nach einer Protokollabschrift ins Protokoll aufzunehmen, habe ich abgelehnt, im übrigen solle sich Pfr. Luther, wenn er es wolle, mit einer entsprechenden Eingabe an das Konsistorium wenden. Als er dabei weiter erklärte, er müsse doch ein Protokoll haben, um nachher zu wissen, was er gesagt habe, erwiderte ich ihm: zu dem Zwecke sei das doch wohl kaum nötig; denn wenn er sich an die lautere Wahrheit gehalten habe, müsse er doch stets wissen, was er angegeben habe.

Was die weiteren Ausführungen der Eingabe anlangt, so brauche ich hier auf diese wohl nicht eingehen. Nur das muss ich sagen, dass Pfr. Luther von vorneherein zugab, der Hof habe einen Wert von 120 – 125.000 M. und sei nun geringer bewertet, „um Kosten zu sparen". Ich wunderte mich, dass Pfr. Luther bei seiner sonstigen Klugheit und Geschäftsgewandtheit dies damals angab. Es scheint ihm die Bedenklichkeit dieses Zugeständnisses nachträglich alsbald klar geworden zu sein. Ebenso gab Pfr. Luther sein Vermögen nicht auf 190 – 200.000 M. an. Als ich sagte, wir wollten ins Protokoll rd. 200.000 M. schreiben, erklärte er: so kann es ruhig angegeben werden. Ich vermute, Pf. Luther hat in seinen Steuerdeklamationen weniger als 200.000 M. angegeben, weshalb er es jetzt widerruft. Damals wollte er beweisen, dass er Geld genug habe, um nicht den Hof widerrechtlich an sich ziehen zu wollen.

Ich fühle mich dem Pfr. Luther gegenüber, den ich bisher nicht kannte, in rechtlicher Hinsicht nicht befangen, wenn ich auch seine Handlungsweise seinem Stiefsohn Heinrich Wiethoff gegenüber nach dem Ergebnis (?) verurteile nur nach seinen Personalakten mancherlei ungünstige Eindrücke von ihm empfangen habe. Die Objektivität traue ich mir zu, dass ich mich jederzeit von seiner Unschuld überzeugen lassen würde, wenn weitere Verhandlungen ein für Pfr. Luther günstiges Resultat ergäben oder er selbst eine genügende Klarstellung seiner Handlungsweise geben würde. Eine Untersuchung würde ich freilich ernsthaft und nicht zum Schein führen, da der fragliche Vorfall völlige Klarheit erheischt und das verdächtige ungeistliche Wesen des Pfarrers, wie es auch aus seinen Personalakten erhellt und eine amtliche Pflicht involviert, genau zu prüfen, ob derartige Geistliche ihr Amt in Segen weiterführen können, wenn die zur

Untersuchung stehenden Beschwerden als erwiesen angenommen werden müssen. Es scheint mir doch schon weitgehend, wenn ein Vormundschaftsgericht Anlass zu haben vermeint, erst an den Staatsanwalt zu gehen und dann uns anzurufen, indem es die Handlungsweise des Pfarrers für strafbar und ehrlos hält.

Jedenfalls bitte ich nach Lage der Dinge, um vollständig korrekt und unanfechtbar vorzugehen, nach Rückkehr der von mir (vorher bereits) zur weiteren Aufklärung an das Vormundschaftsgericht übersandten Vorgänge und Akten eine Entscheidung des Konsistoriums – ohne meine Anwesenheit – darüber herbeizuführen, ob:

1. das Disziplinarverfahren gegen Pfr. Luther eröffnet werden soll und aufgrund welcher Anklagepunkte,

2. die Aufgabe des Untersuchungskommissars mir nach der Anfechtung des Pf. Luther noch übertragen werden soll.

Im Interesse der Sache bin ich eventuell gerne bereit, auch, wenn das Kollegium eine Befangenheit nicht anerkennen sollte, aus Zweckmäßigkeitsgründen auf die Führung der mir geschäftsgemäß zustehenden Untersuchung zu verzichten. Einer Ablehnung als Richter beim Disziplinargericht würde ich freilich meinerseits widersprechen müssen."

Dieser ausführliche Bericht eines konsistorialen Juristen zeigt, dass man sich bemüht hat, die Verhaltensweise des Pfarrers in ihren ökonomischen und juristischen Dimensionen sehr genau nachzuvollziehen und auf ihre moralische Verantwortlichkeit hin zu prüfen. Allerdings wird auch klar, dass das Urteil des Dr. Richter über Luther als Pfarrer eindeutig negativ ist. Am 19. August 1908 erfolgt der Bescheid des Kollegiums, dass eine Befangenheit von Dr. Richter nicht anzuerkennen und er weiterhin für die Bearbeitung des Falles des Pfr. Luther zuständig sei.

Vom 13. August 1908 stammt ein vom Konsistorium beim Amtsgericht eingeforderter ausführlicher Bericht, der akribisch die eigentums- und vermögensrechtlichen Unerlaubtheiten des Pfarrers Luther aufzeigt. Auch die Anfrage des Konsistoriums bei den „Einkommensteuer-Veranlagungs-Commissionen für die Stadt und den Landkreis Bochum und die Stadtkreise Witten und Herne" nach der Vermögenshöhe von Luther wird am 29. August beantwortet: Es beträgt für das Steuerjahr 1908 115.782 Mark. Dann heißt es: „Gegen Pflichtigen ist die Untersuchung wegen Zuwiderhandelns" gegen die Steuergesetzgebung eingeleitet.

Der Pfarrer war 1907 Haus- und Grundbesitzer am Hellweg, Besitzer eines Hauses an der Grabenstraße, das er für 31.600 M. erworben hatte. Zusammen mit Heinrich Wiethoff war er Besitzer des Hauses Bismarckstr. 3 und hatte Hausbesitz an der Kaiserstr. Und 1903 hat er Grundbesitz an der Moltkestr. an die Gemeinde Werne verkauft. Er kannte sich bestens im Kaufen und Verkaufen von Grundstücken und Häusern in seiner Gemeinde aus. Wieweit er Aktien an Unternehmen oder Staatspapiere besessen hat, war nicht auszumachen. Er dürfte zu dieser Zeit als Miterbe der Hinterlassenschaft seiner Frau der reichste Pfarrer in Westfalen gewesen war.

Es zog ihn erwartungsgemäß in die sog. besseren Kreise. Er wurde Mitglied der Dortmunder Freimaurerloge „Zur alten Linde" und Mitglied des „Vereins deutscher Freimaurer". Hier traf er auf die damalige gesellschaftliche Elite: auf Zechendirektoren, auf Fabrikbesitzer, auf Brauereidirektoren, auf leitende Ingenieure, auf erfolgreiche Kaufleute, auf Architekten, auf Bergräte, auf Ärzte und auf Rechtsanwälte. Mentalitätsmäßig wird er sich als Akademiker zum bürgerlichen Bildungs- und Besitzbürgertum gerechnet haben. Mit einem führenden Gewerkschafter oder gar mit einem Sozialdemokraten wird er nicht geredet haben. Seine Logenmitglieder waren zumeist politisch Anhänger der gemäßigten nationalliberalen Partei. Die Frage, wie Luther sich in die Arbeit der Freimauer eingebracht und wie er seine Mitgliedschaft als Pfarrer interpretiert hat, kann aus Mangel an Quellen nicht beantwortet werden. Ein besonderes Amt scheint er nach den vorhandenen Unterlagen zur Geschichte dieser Loge nicht gehabt zu haben.

Der neue „Fall Luther" ging seinen Gang. Eine Anfrage des Konsistoriums beim Amtsgericht über Luthers Beteiligung an der Ziegelei wird am 29. August knapp beantwortet. Die dort vorhandenen Akten werden zur Einsicht mit dem Vermerk zugeschickt: „Ob der g. Luther noch an anderen Unternehmen beteiligt ist, ist ohne weiteres nicht festzustellen." Auch das Königliche Amtsgericht schickte dem Konsistorium die „Grundakten" über Luther zu. Es gibt also einen regen Behördenkontakt, um den „Fall Luther" zu Ende zu bringen. Es findet sich unter dem 2. Oktober 1908 eine Aktennotiz des Konsistoriums, die besagt:

„Pf. Luther soll mündlich nochmals vernommen und befragt werden, ob er nicht freiwillig zur Vermeidung des Disziplinarverfahrens auf sein Pfarramt und die Rechte des geistlichen Standes verzichten wolle."

Hier wird zum ersten Mal erwogen, Luther zum Amtsverzicht zu bewegen, um ein Disziplinarverfahren zu vermeiden. Man will ihm aber eine Chance geben, nicht entlassen zu werden. Zum 7. Oktober 1908 wird Luther noch einmal nach Münster zitiert. In der Einladung an Luther heißt es, dass er noch mal vernommen werden soll als Wucherverdächtigter, als Betreiber eines unzulässigen Gewerbebetriebes und als Steuerhinterzieher. Luther selbst schreibt im Vorfeld des Termins in Münster einen Brief an den Superintendenten, der diesen sofort an das Konsistorium weiterleitet. Luther schreibt:

„Zum 7. Oktober d. J. bin ich zur Vernehmung vorgeladen. Die Vernehmung soll neben Herrn Consistorialrat Lic. Dr. Simon auch Herr Consistorialrat Dr. Richter leiten. Dieser letzterer hat mich in einer früheren Vernehmung am 30.7.08 in einer so höhnischen und beleidigenden Weise behandelt, dass ich mich veranlasst sah, am 5. August 1908 durch meinen Rechtsanwalt Frackmann aus Dortmund eine Beschwerde über Herrn Consistorialrat Dr. Richter einzureichen. Königliches Konsistorium hat es abgelehnt, diese Beschwerde zu beantworten. Ich mache nunmehr diese Beschwerde zu meiner eigenen, indem ich mich auf dieselbe beziehe, die in den Akten beim Königlichen Consistorium liegt und beschwere mich nochmals über Herrn Consistorialrat Dr. Richter und sein höhnisches und beleidigendes Auftreten mir gegenüber in jener Verhandlung am 30.7.1908. Verschiedentlich protestierte ich gegen solches eigenartige Benehmen und erhielt nur einmal die höhnische Antwort: „Sie können protestieren, so viel Sie wollen, ich sage doch, was ich will."

Ich beantrage, an Stelle des Herrn Consistorialrates Dr. Richter, der von Anfang der Verhandlung an sich mir gegenüber parteiisch und voreingenommen zeigte, einen anderen Herrn zu beauftragen, der die Gewähr bietet für eine unparteiische Behandlung des Gegenstandes.

Sollte wider Erwarten doch Herr Consistorialrat Dr. Richter die Verhandlung am 7.10.08 mit leiten, so werde ich gezwungen sein, beim ersten beleidigenden und höhnischen Worte, das ich nach seinem früheren Auftreten zu erwarten habe, mich zu entfernen und werde weitere Beschwerde einlegen müssen."

Doch bei der kommenden Vernehmung war neben Dr. Simons auch Dr. Richter anwesend. Luther verließ nicht den Raum. Laut Protokoll vom 7. Oktober 1908 führte er aus:

„Mein Stiefsohn Heinrich Wiethoff, der jetzt bei mir wohnt, ist durch den Verkauf des Grundstücks nicht geschädigt, weder jetzt noch in Zukunft. Denn er erhält jetzt statt der jährlichen 300 M. die Zinsen der 3.000 M. Kaufgeld und alles, was er über diese Zinsen hinaus verbraucht und von mir als Geschenk erhält. In Zukunft wird ihm von mir im Hinblick auf den jetzigen Verkauf im Erbrecht an meinem Gesamtnachlass mit allen Kindern zu gleichen Teilen eingeräumt, wodurch er in jedem Falle günstiger gestellt wird als wenn er jetzt den Hof behalten hätte. Ich werde eben alle meine vier Kinder völlig in ihrem Vermögen gleichstellen, da dieses auch die Absicht meiner verstorbenen Frau war, wie sich auch aus unserem gemeinschaftlichen Testament vom 21. November 1898 ergibt. Mit dieser Gleichstellung verfolge ich nicht nur pekuniäre Rücksichten, sondern auch moralische Zwecke, indem ich glaube, so besser auf die Kinder, und namentlich den gutmütigen und etwas leicht veranlagten Heinrich Wiethoff einschließen zu können.

Zu dem genossenschaftlichen Geschäft mit Börnecke habe ich mich nur aus Gutmütigkeit bestimmen lassen, da Börnecke ohne mein Grundstück und die (?) 30.000 M. nicht betreiben könnte und auch nicht imstande war, mangels hinreichenden Vermögens das Grundstück zu kaufen. Mit dem Geschäftsbetrieb habe ich nicht das Geringste zu tun.

Ich bestreite, bei Angaben des Wertes des Heinrich Wiethoff'schen Hofes mit 75.000 M. einen falsche Stempelangabe gemacht zu haben. M. E. spricht die Aufstellung vom 5. Nov. 1907 nicht dagegen, da die Lasten ja überhaupt nur fingiert berechnet sind und z. T. berechnet werden konnten, der Wert des Grundstücks aber landwirtschaftlich nicht mehr als 75.000 M. beträgt. Im Protokoll vom 30. Juli habe ich nur zugeben wollen, dass der Wert des Grundstücks bei späterem günstigem Verkaufen sich vielleicht auf 125.000 M. berechnen könnte.

Einer Steuerhinterziehung habe ich mich nicht schuldig gemacht. Eine Vermögenserklärung habe ich nicht abgegeben, ich bin vielmehr von der Steuerbehörde mit meinem Vermögen eingeschätzt. Ich glaube keinen Anlass zu haben, auf mein Pfarramt zu verzichten."

Es wird deutlich, dass sich vieles wiederholt, was schon vorher zur Debatte gestanden hatte. Es dürften zähe Verhandlungen gewesen sein, die die Nerven aller Anwesenden strapaziert haben. Luther antwortet meistens sehr geschickt auf die inquisitorischen Fragen seiner Vernehmer.

Nachdem Luther dieses Protokoll gelesen hatte, schiebt er noch einen Brief vom 10. Oktober 1908 nach:

„In der Beschwerdesache wider mich gestatte ich mir noch Folgendes anzuführen. Im Protokoll, welches bei der Verhandlung am 7.10.08 aufgesetzt ist, findet sich wiederholt an einer Stelle das Wort „fingiert". Bei späterem Nachdenken finde ich, dass dies nicht etwa von mir ins Protokoll hereingebrachte Wort missverstanden werden kann und meine Meinung nicht genau wiedergibt. Ich bitte für das Wort „fingiert" das Wort „unbestimmt" zu setzen. Es handelt sich bei der von meinem Stiefsohn Hinrich unterfertigten Aufstellung vom 5.11.07 bei der Berechnung der ihm auferlegten Lasten um unbestimmte und zum Teil unbestimmbare Werte, und die angegebene Summe von 76.750 M. sollte den etwa möglichen Betrag der angeführten Lasten ausdrücken. Diese Lasten können entweder höher oder niedriger werden je nach der Lebensdauer der Berechtigten. Genau lässt sich erst nach dem Tode der Berechtigten die bestimmte Höhe dieser Lasten angeben.

Weiter wurde dem Unterzeichneten in der Verhandlung vom 7.10.08 eine vom Vormundschaftsgericht aufgestellte Nachweisung über die von meinem Stiefsohn Heinrich zu übernehmenden Lasten vorgelesen, die nur wenig Richtiges, aber viel Mangelhaftes und Falsches enthielt.

Insbesondere war falsch und unrichtig, dass behauptet wurde, die Zinsen von 18.000 M. und das Wohnungs- und Verpflegungsrecht des W. Wiethoff sen. hebe sich gegen seine Arbeitsleistung auf, während doch dem Vormundschaftsgericht zur Genüge bekannt sein musste, dass W. Wiethoff sen. niemals auf dem Hofe auch nur die kleinste Arbeitsleistung übernommen hat und auch nicht übernehmen brauchte.

Die Behauptung, mein Sohn sei abgefunden und habe kein Unterhalts- und Erziehungsrecht, ist ebenso falsch und widerspricht einer eigenen Äußerung des Vormundschaftsrichters in der Verhandlung vom 1.2.06, die mündlich gemacht war.

Falsch ist auch und zum mindestens streitig, dass mir kein Wohnungs- und Verpflegungsrecht zukomme. Diese Behauptung beruht auf einer irrtümlichen Auslegung der in Frage kommenden Bestimmungen. Somit charakterisiert sich die Aufstellung des Vormundschaftsgerichts als durchaus mangelhaft und unzutreffend.

In der Verhandlung und in der Aufforderung zur Vernehmung wurde mir der Vorwurf eines unzulässigen Gewerbebetriebs gemacht. Dazu gehört doch zweifellos, dass ich im Gewerbe tätig sein müsste. Da das nun in keiner Weise zutrifft, fällt auch der Vorwurf in sich zusammen. Es wäre mir höchst erwünscht, wenn mir genauer Einblick in die Akten verstattet würde, wie es ja bei einem etwa beantragten und beschlossenen Disziplinarverfahren geschehen müsste, weshalb ich dasselbe schon deshalb freudig begrüßen würde, da mir dann erst rechte Gelegenheit geboten würde, mich in jeder Weise mit Hilfe meines Rechtsanwalts gegen die erhobenen Vorwürfe verteidigen zu können, was ich bis jetzt nicht kann, da ich bis heute noch nicht einmal den Wortlaut der Beschwerde gegen mich erfahren habe und nur aus den Fragen und vorgetragenen Bruchstücken erraten kann, was alles gegen mich vorgebracht ist, somit auf Vermutungen angewiesen bin.

Ich halte das für eine unzulässige und ungesetzliche und durch nichts gerechtfertigte Beschränkung meiner Verteidigung, gegen die ich schärfsten Protest erhebe."

Der Brief will eine Ergänzung des Protokolls sein. Er zeigt, dass Luther sich mit allen Mitteln verteidigt. Er provoziert das Konsistorium, ein Disziplinarverfahren gegen ihn anzustrengen, weil er dann den Beistand seines Rechtsanwaltes haben könne.

Die Behörde schreibt am 16. Oktober 1908 recht apodiktisch zurück: „Die Schlussbemerkung Ihres Briefes vom 10. Dez. über eine ungesetzliche Beschränkung Ihrer Verteidigung weisen wir als in hohem Maße ungehörig und sachlich völlig unzutreffend zurück. Bei ähnlichen Verstößen würden wir uns genötigt sehen, Sie dieserhalb rechtlich zur Rechenschaft zu ziehen. Im übrigen bemerken wir, dass von einer Beschränkung der Verteidigung schon darum nicht die Rede sein kann, weil ein Disziplinarverfahren bis her gegen Sie noch nicht eröffnet ist, auch anderseits entscheidende Maßregeln in der Sache noch nicht erfolgt sind."

Luther ließ nicht locker, schon am 12. Oktober schrieb er einen weiteren Brief an das Konsistorium:
„In der Verhandlung vom 7. d. Monats wurde mir mündlich nahe gelegt, ob ich nicht meinen Anteil an der Ringofenziegelei aufgeben wolle und könne. Obwohl ich nun der Meinung bin, dass ich durch diese Beteiligung, die nichts anderes darstellt als wenn ich von irgendeinem anderen Werke Aktien oder vom Staate Staatspapiere besäße, zumal ich auch nicht

das Geringste mit dem Betrieb zu tun habe. Und mich um nichts kümmere und kümmern darf, sondern nur am Schluss des Jahres wie bei irgendeinem Aktien- oder Staatspapier meinen eventuellen Gewinn einnehme, so habe ich doch versucht, dem mir geäußerten Wunsche nachzukommen und mit Einwilligung des Herrn Börnecke meinen Anteil aufzugeben und überreiche als Erfolg beiliegende Erklärung des Herrn Börnecke. Gehorsamst M. Luther, Pfr."

Das dürfte wieder ein geschickter Schachzug von Luther gewesen sein. Er will seine Beteiligung an der Ziegelei auf Anweisung des Konsistoriums zurückgeben, betont aber, dass aus rechtlichen und moralischen Gründen dazu eigentlich keine Veranlassung vorliege, denn Beteiligungen zu haben oder Aktien oder Staatspapiere zu besitzen, sind für Luther kein moralisches oder berufsethisches Problem.

Das Konsistorium seinerseits bittet nun bei der „Königlich Preußischen Oberzolldirektion für die Provinz Westfalen" um die Auskunft „über den Stand des gegen den Pfarrer Luther in Werne wegen evtl. Steuerhinterziehung eingeleiteten Verfahrens." Diese Oberbehörde antwortet, dass der Fall vom „hiesigen Stempelsteueramt" geprüft werde und eine Antwort bald erfolge. Diese am 10. Dezember 1908 geschriebene Antwort sagt in knappen Worten, dass die Untersuchung gegen Luther wegen „Zuwiderhandlung" gegen das Einkommenssteuergesetz „eingestellt ist, da sich seine Angaben in der Steuererklärung pro 1908 als richtig erwiesen haben."

Und nun folgt Schlag auf Schlag: Am 31. Januar 1909 teilt die Oberzolldirektion dem Konsistorium mit, dass bei dem Kaufvertrag vom 21. November 1907 keine „unrichtigen Angaben" gemacht worden seien. Am 17. August 1909 kommt vom Stempelsteueramt die Benachrichtigung an das Konsistorium, dass man „von der Aufstellung eines Erbschaftssteuerbescheides Abstand genommen" habe.

Damit stand für alle beteiligten staatlichen Behörden fest, dass nach ihren langwierigen Vorprüfungen keine strafrechtlichen Anklagen erhoben werden konnten. Damit waren die Grundlagen für weitere Vernehmungen Luthers durch das Konsistorium weggebrochen. Für das Konsistorium blieb nur noch übrig, den Pfarrer Luther noch einmal zu einer gemeindeorientierten Amtsführung zurückzurufen. Der Eröffnung eines kirchlichen Disziplinarverfahrens hatten die Untersuchungen und die Bescheide der staatlichen Behörden den Boden entzogen. Und Luther konnte sich selbst als rechtlichen und moralischen Sieger in den zahlreichen Verfahren verstehen. Weder der Staatsanwalt noch das kirchliche Disziplinargericht traten in Aktion.

Dass er nun würdig war, ein neues Amt zu übernehmen, zeigt der Bescheid der „Königlichen Regierung, Abteilung für Kirchen- und Schulwesen" vom 6. August 1910 an das Konsistorium: „Wir haben dem Pfarrer Luther in Werne die Ortsschulinspektion über die evangelische Schule am Harpener Weg in Werne übertragen."

Für die Ernennung zu einem solchen Amt bedurfte es allerdings nicht der konsistorialen Zustimmung.

Das Schicksalsjahr 1913

Über die Jahre 1910 bis 1912 gibt es in der kirchlichen Personalakte keine Unterlagen. Aber bald sollte es wieder einen neuen „Fall Luther" geben, als die Polizeikommission Werne am 31. Januar 1913 der Königlichen Staatsanwaltschaft folgendes Protokoll vorlegte:

„Am 30. d. Mts. Nachmittags gegen 6 Uhr wurden der Pfarrer Martin Luther von hier und der hier zum Besuch weilende frühere Gutspächter (jetziger Agent) Wilhelm Große-Brauckmann aus Arnsberg in dem Studierzimmer des g. Luther erschossen vorgefunden. Beide saßen nebeneinander je in einem Lehnstuhl, die Browning-Pistole lag ziemlich nahe mehr dem Stuhle des Pfarrers Luther. Wer zuerst geschossen und ob jeder sich selbst erschossen hat, war nicht festzustellen.

Dem Vernehmen nach sollen fehlgeschlagene Spekulationen der Grund zum Selbstmord gewesen sein, zweifellos haben aber beide im Einvernehmen gehandelt, denn irgendwelche Spuren eines Kampfes waren nicht zu entdecken.

Die Haushälterin Mathilde Hiddemann, die 2 Schüsse hat fallen hören, hat angenommen, der Pastor habe hinter dem Hause geschossen, wie er das häufig zu tun pflegte. Erst etwa eine ½ Stunde später wurde festgestellt, dass Luther und Große-Brauckmann tot waren. Die Leiche des Letzteren ist in die hiesige Leichenhalle gebracht worden, die Leiche des Pfarrers Luther befindet sich in dessen Wohnung.

Der Verdacht, dass eine dritte Person als Täter in Frage kommen könnte, ist ausgeschlossen."

Pfarrer Gustav Rummeld

Am 30. Januar 1913 schreibt der Amtsbruder Rummeld an den Superintendenten:

„Erschrecken Sie nicht über die grauenvolle Nachricht, die ich Ihnen heute Abend noch machen muss. Heute Abend hat sich Herr Pastor Luther mit einem andern Herrn in seiner Studierstube erschossen. Was sollen wir tun? Dürften wir Sie bitten, nach hier zu kommen und eine Sitzung mit dem Presbyterium abzuhalten? Haben Sie die Güte, dem Überbringer dieses Schreibens Nachricht mitzugeben, damit ich das Weitere veranlassen kann. Wir sind wie vom Schlage gerührt."

Am 1. Februar 1913 schreibt König an das Konsistorium:

„Dem Königlichen Konsistorium habe ich die schmerzliche Nachricht zu erstatten, dass der Pfarrer Luther in Werne am Donnerstagabend erschossen aufgefunden ist und mit ihm ein früherer Gutsbesitzer Große-Brauckmann, zuletzt in Arnsberg wohnhaft.

Eine volle Aufklärung des Vorgangs ist bis zur Stunde noch nicht erfolgt, die Umstände scheinen aber den Schluss nahe zu legen, dass beide mit gegenseitiger Verabredung den Tod gesucht haben.

Mit dem Presbyterium habe ich gestern Vormittag Sitzung gehalten, es ist mit der Gemeinde sehr erschüttert. Pfarrer Luther hinterlässt einen 11jährigen Sohn."

Und an seine Amtsbrüder in der Synode Bochum schreibt er:

„Tief erschüttert teile ich den Herrn Brüdern mit, dass Pfarrer Martin Luther am Donnerstagabend in seinem Arbeitszimmer erschossen aufgefunden ist. Wir werden Alle in dem schweren Leid das Angesicht Gottes suchen und unsere Zuflucht zu seiner Gnade nehmen."

Die erwähnte Presbyteriumssitzung fand am 2. Februar statt. Im Protokoll heißt es: „Auf Einladung des Vorsitzenden erschienen 13 Herren (die Namen werden alle genannt). Es wird beschlossen, anlässlich der Beerdigung des verstorbenen Pfarrers Luther die Glocken läuten zu lassen und dass am Grabe ein Pfarrer ohne Amtstracht ein „Vater unser" spricht mit kurzer erklärender Einleitung der Verhältnisse."

Am 3. Februar erscheint im „Märkischen Sprecher" diese Todesanzeige: „Durch den plötzlichen Tod des Pfarrers Martin Luther ist unsere Gemeinde auf das Tiefste erschüttert. Was der Verstorbene für den Aufbau der Gemeinde getan hat, wird unvergessen bleiben.
In tiefem Schmerze suchen wir Gottes Angesicht.
Werne, den 2. Februar 1913
Das Presbyterium der evang. Kirchengemeinde"

Diese Annonce würdigt den Pfarrer nicht als Prediger und Seelsorger der Gemeinde, sondern hebt seine Verdienste für den Aufbau der Gemeinde hervor. In der Tat hat der Pfarrer Luther großen Anteil an der Erbauung der Kirche, des Gemeindehauses und anderer kirchlicher Räume gehabt.

Der Amtsbruder Rummeld berichtet an den Superintendenten: „Euer Hochwürden übersende ich folgenden Beschluss des Presbyteriums zur Genehmigung. Sie wollen die Güte haben, dem Überbringer Küster Vocke Ihre Antwort sofort wieder mitzugeben. Gegen das Glockengeläute waren die beiden Pfarrer und ein Presbyter."
Für das übliche Glockengeläut auf dem Weg vom Trauerhaus zum Friedhof war die Mehrheit des Presbyteriums.

Über die Beerdigung am 4. Februar 1913 berichtete die Zeitung: „Die Beerdigung des unglücklichen Opfers der Tragödie im Pfarrhause gestaltete sich zu einer eindrucksvollen Trauerkundgebung der Gemeindeglieder für den so plötzlich aus ihrer Mitte gerissenen Pfarrer Luther. Dem Sarge folgten das Presbyterium, viele Geistliche, der Lehrerverein, der gemischte Chor, der evang. Frauenverein und zahlreiche Leidtragende. Am Grabe wurde nur ein kurzes Gebet gesprochen, eine Trauerfeier hatte nicht stattgefunden. – Die Leiche Große-Brauckmanns wird nach Arnsberg überführt werden."

Der Pfarrer Luther wurde nicht unter Ausschluss der Öffentlichkeit beerdigt, sondern seinem Sarge folgte vom Trauerhaus zum Friedhof eine große Schar von Gemeindegliedern und von Vertretern der kirchlichen Vereine. Es fällt auf, dass auch „viele Geistliche" erwähnt werden.

Einen bemerkenswerten Bericht, der Einzelheiten über die Beerdigung bringt, druckte der „Märkische Sprecher" am 4. Februar in seiner Rubrik „Sprechsaal" ab. Und in einem angefügten Kommentar nimmt die Redaktion selbst Stellung zu den Vorgängen:

„Soeben komme ich von dem Grabe unseres ersten Geistlichen, des Pfarrers Luther. Es war ein eigenartiges Begräbnis. Die Gemeinde gab dem hoch geachteten Pfarrer die letzte Ehre. Presbyter trugen den Sarg; der Kirchenchor, dessen weihevollen Liedern er so oft gelauscht, sang ihrem Führer den letzten Gruß. Seine Konfirmanden, Vertreter der kirchlichen und der politischen Gemeinde, ja man darf behaupten, die ganze Gemeinde war erschienen, Abschied zu nehmen von dem Manne, der 22 Jahre die Gemeinde gebaut hatte. So bewegte sich der gewaltige Zug vom Trauerhause. Bald ist die Kirche erreicht. Doch – was ist das?! Wir sind gewohnt, dass auch der Glocken Mund mit Feierklang einstimme in den Schmerz, der die Trauergemeinde durchzieht; Heute schweigen die Glocken! Und doch geht dort unten vorüber zur letzten Ruhe der Mann, der der geistige Vater der ganzen Einrichtung des Gotteshauses genannt werden darf; dem wir es nicht zum wenigsten verdanken, wenn eben diese Glocken uns mit harmonischen Tönen grüßen können.

Sie schweigen! Es gibt ein Schweigen, das aus dem Schmerz entsteht, wenn uns die Kehle zugeschnürt ist vor unserem Weh. Ist es dieser Schmerz, der auch den Glocken den Mund verschließt? Fast scheint es so. Wir wollten es nicht, dass sie schweigen sollten! Unsere Bürger haben in hochherziger Weise das Geld herbeigeschafft, um der Kirche ein würdiges Geläute zu geben. Jetzt aber, da unsere Gemeinde, da unser Presbyterium will, dass die Glocken dem Schmerze der Gemeinde Ausdruck geben sollen, müssen sie schweigen, schweigen – auf höheren Befehl! Unsere Kirchenbehörde verbietet es.

War der Tote ein Verworfener, ein gemeiner Verbrecher? Nein, Verbrechern, Ehebrechern, Dieben, Totschlägern, diesen läuten doch die Glocken, wenn sie eines natürlichen Todes gestorben sind. Er war geachtet im Leben, und viele danken ihm seine stete Hilfsbereitschaft. Gewiss hatte auch er Fehler, wie jeder andere sie hat, aber im Angesicht dieses grausigen Endes steht uns nicht zu, sie herauszusuchen aus allen Winkeln. Aber war er nicht ein Selbstmörder? Und die Kirche darf doch solchen Menschen, die Gott vergessen, nicht die kirchlichen Ehren geben! Wirklich? Darf sie das nicht?! Darf sie nicht lindernden Balsam geben in das Herz der doppelt geschlagenen Hinterbliebenen des Selbstmörders? Bedürfen nicht gerade sie des milden Trostes?! O, geht mir mit euren Satzungen! Ist das Liebe, die alles verstehen, alles glauben, alles dulden soll? Und der Unglückliche, der Hand an sich legt: Wissen wir klugen Richter, welche fürchterlichen Stürme vorher die Seele eines solchen Menschen durchbrausten, ehe er, zum Tode gepeinigt, verzweifelnd sich dem Tode in die Arme warf! Wir fordern von einer evangelischen Kirche, dass sie diese unglücklichen Opfer des harten Schicksals nicht noch über das Grab hinaus verfolgt: „Richtet nicht, auf dass ihr nicht gerichtet werdet!"

Aber war unser Pfarrer Luther denn ein Selbstmörder? Die Polizeibehörde und alle, die irgendwie unterrichtet sind, behaupten direkt das Gegenteil, behaupten, dass bei Pfarrer Luther Selbstmord ausgeschlossen, ausgeschlossen sei. Es steht vielmehr fest, dass er sich nicht getötet hat. „Aber er hat doch vielleicht seine Einwilligung gegeben?" Hat er das getan? Wisst ihr es ganz genau? „Aber es sind doch so mancherlei Verdachtsmomente, die gegen ihn sprechen. Man erzählt von großen Verlusten, die er in letzter Zeit gehabt haben soll. Ist das auch sicher der Grund, dass er sich nun in den Tod stürzen musste? Nein, das weiß „man" nicht, aber „man"" glaubt das Schlechte, urteilt und verurteilt. So munkelt man gewiss noch mancherlei, denn auch in Werne beginnen die Berichte über den Nächsten meist mit den Worten: „Man sagt".

Möge es bald unmöglich werden, dass in der evangelischen Kirche auf bloße Vermutungen hin einem Manne die Ehre gekürzt wird. Wir evangelischen Christen wollen mitbestimmen, wie weit wir unserer Liebe Ausdruck geben dürfen, auch als Gemeindeglieder! Warum in aller Welt nimmt denn die Kirchenbehörde in diesem Falle nicht das Bessere als wahr an, da es auch noch das Wahrscheinlichere ist? Und wenn sie geirrt hätte, dann hätte sie geirrt um der Liebe willen, der sie doch dienen soll. Wir verstehen dieses Verbot der Kirchenbehörde nicht. Das Wort Jesu, das am Grabe unseres Seelsorgers uns zugerufen wurde, das muss auch Geltung haben für unsere Kirchenbehörden, und so haben wir es gedeutet das Wort: Richtet nicht, auf dass wir nicht gerichtet werden!

E i n e r   f ü r   v i e l e."

Das dürfte ein aufregender Text sein, geschrieben von einem Gemeindeglied, das die Anordnung der Kirchenbehörde, nicht zu läuten, obwohl das Presbyterium mehrheitlich das Läuten beschlossen hatte, nicht verstehen kann. Es ist für ihn eine Entmündigung der Gemeinde. Für ihn hat die Behördenkirche mit ihren formalen Kirchenrechten über den Willen der Gemeinde verfügt. Ausdruck eines Protestes dürfte die Tatsache gewesen sein, dass Presbyter den Sarg getragen haben und eine große Menge von Werner Einwohnern bei der Bestattung zugegen war.

Auf die Leserzuschrift folgte diese Anmerkung der Redaktion: „Wir geben diese Ausführungen wieder, weil sie, wie man uns in einem Begleitbrief mitteilt, der in der Gemeinde Werne herrschenden Stimmung entsprechen; weil wir Freunden unseres Blattes das Recht zuerkennen, auch in eine solchen Frage sich zu äußern und weil wir es überhaupt für besser halten, dass diese Stimmung offen zum Ausdruck kommt, als dass sie sich nur von Mund zu Mund weiter trägt und zu einer schwer zu heilenden Verbitterung in den Gemütern führt. Denn so ist es möglich, auch in der Öffentlichkeit auch ein Wort einzulegen für die kirchliche Instanz, gegen die sich der Vorwurf richtet.

Der Herr Einsender geht von der Annahme aus, dass der Pfarrer nicht selbst sich getötet habe. Wenn das feststeht, so würde gleichfalls feststehen, dass es der Andere getan hat. Dies steht aber, soweit wir unterrichtet sind, nicht unbedingt fest, und darauf hinzuweisen, dürfte die Gerechtigkeit gegenüber der leidtragenden Familie Große-Brauckmann erfordern.

Wir meinen, dass man sich auch hier mit einem „Wir wissen es nicht" bescheiden sollte. Es liegt über dem grausigen Drama nun einmal ein Dunkel, das wir nicht erhellen können und in das wir auch gar nicht weiter eindringen wollen. Wenn wir es uns deshalb versagen, die verschiedenen Möglichkeiten zu prüfen und abzuwägen, so machen wir kein Hehl daraus dass in solchen Fällen die Milde sympathischer ist und jedenfalls auf weit größere Zustimmung rechnen kann als die Härte, die Strenge. Aber in diesem Falle glauben wir, dass die Entschließung der Kirchenbehörde aus einer subjektiv nicht angreifbaren Pflichtauffassung hervorgegangen ist, dass diese Behörde in tiefschmerzlichen Gedankengängen, ja wir dürfen wohl sagen: blutenden Herzens zu der Überzeugung gekommen ist: gerade in diesem Falle werde sich nach ihrer Erkenntnis von persönlichen und fachlichen Umständen eine milde Entscheidung, ganz abgesehen von der Missdeutung, der eine solche auch wiederum unterliegen könnte, nicht verantworten lassen, und darum müsse das, was die kirchliche Ordnung erheischt, Anwendung finden bei dem Einen wie bei dem Anderen.

Vom Standpunkt des evangelischen Gemeindeglieds und vor allem vom allgemeinen menschlichen Standpunkt mag man in dieser Frage ganz anderer Ansicht sein. Aber wenn und solange kirchliche Bestimmungen bestehen, sollte man der berufenen Stelle, auf der eine hohe Verantwortung ruht, keinen Vorwurf daraus machen, dass sie nach denselben aus pflichtmäßiger Erwägung heraus verfährt.

Wir haben nicht unterlassen wollen, auch dies auszusprechen, wenn wir es auch selbst, wie schon angedeutet, lieber gesehen haben würden, dass sich der letzte Akt dieser Tragödie anders vollzogen hätte".

Und es folgt noch diese Anmerkung, die sich auf eine Dortmunder Zeitungsveröffentlichung bezieht:

„So wird neuerdings einem Blatte geschrieben: Es ist als sicher anzunehmen, dass sowohl Herr Pastor Luther wie auch Herr Große-Brauckmann beide im gegenseitigen Einverständnis freiwillig aus dem Leben geschieden sind und Mord weder für den einen noch für den anderen in Betracht kommt. Dass Herr Pastor Luther den Schuss auf der linken Stirnseite hatte, ist nicht verwunderlich, da er „Linkser" war. Auch beim Schießen benutzte er stets die linke Hand statt der rechten. Es ist durch nichts erwiesen, dass der Revolver Herrn Große-Brauckmann gehört hätte. Herr Pastor Luther hat wiederholt Bekannten erklärt, dass er stets eine Schusswaffe bei sich trage, während Große-Brauckmann keine Waffe bei sich zu tragen pflegte. Bei beiden Toten fand sich der Pulverschleim unmittelbar an der Stirn an der Stelle, wo die Kugel eingedrungen war. Es beweist das, dass jeder sich die Schusswaffe unmittelbar an die Stirn gehalten hat. Tastsache ist auch, dass beide Tote während des Nachmittags nur in der ruhigsten Weise miteinander verhandelt und ihre Angelegenheiten besprochen haben. Eine erregte Auseinandersetzung hat überhaupt nicht stattgefunden, wie die Haushälterin bei ihrem Verhör ausdrücklich bestätigt hat. Aus diesem Grunde hat die Haushälterin auch den Schüssen gar keine Bedeutung beigemessen. Ferner hat man in dem Ofen eine Menge verkohlter Papierreste gefunden, die kurz vorher verbrannt worden waren und zwar offenbar im Einvernehmen beider Beteiligter. Im Falle eines

Mordes würden sicherlich auch nicht beide nebeneinander in ihren Sesseln in ruhiger Haltung gesessen haben. Ein ärztlicher Befund ist, wie Herr Dr. Kurten, der als Augenzeuge sofort zur Stelle war, ausdrücklich erklärt, von ihm aufgenommen, aber bisher nicht veröffentlicht."

In den uns erhaltenen unmittelbaren Reaktionen aus der Öffentlichkeit zeigt sich, dass der Tod der beiden Männer in einem Pfarrhaus intensives Gesprächsthema unter vielen Menschen gewesen ist. Jeder konnte sich an der Rekonstruktion des möglichen Geschehens beteiligen. Der Phantasie waren keine Grenzen gesetzt und je nach der eigenen Parteilichkeit für oder gegen den Pfarrer konnte Stellung bezogen werden. Man kann sich vorstellen, dass die Vorgänge im Pfarrhaus sehr kontrovers in der Werner Gemeinde und in der weiteren Öffentlichkeit diskutiert worden sind. Zwei erschossene Männer im Arbeitszimmer eines Pfarrers – das hatte es noch nicht in einer Gemeindegeschichte gegeben. Kirchenkritische und kirchenfeindliche Stimmen artikulierten sich ebenso wie verständnisvollere Interpretationen.

Der namentlich nicht genannte erste Einsender kam am 6. Februar noch einmal in der Zeitung zu Wort:
„Zu meinem Eingesandt in der Nr. 30 d. Bl. möchte ich folgendes richtig stellen und ergänzen:
1. Den Satz: „Die Polizeibehörde und alle, die irgendwie unterrichtet sind, behaupten…", will ich dahin einschränken: die Wahrscheinlichkeit spricht nach meiner Ansicht vor wie nach durchaus zugunsten unseres Pfarrers. 2. Dass „die Entschließung der Kirchenbehörde aus einer subjektiv nicht angreifbaren Pflichterfüllung hervorgegangen" ist, habe ich nicht bezweifelt. Meine Ausführungen richteten sich nicht gegen Personen. Sie sollten vielmehr das System treffen, unter dem die Behörden stehen, die kirchlichen Bestimmungen, die forderten, dass die Menschen hier nicht einfach menschlich fühlen durften. 3. Dass ich für den anderen Unglücklichen gleiches Recht fordere, war auch meinen Ausführungen zu entnehmen. 4. Die als Anmerkung gebrachte Darstellung eines Dortmunder Blattes muss nach meinen nochmaligen genauen Informationen in mehreren Stücken als unzureichend bezeichnet werden. Doch wir wollen die Opfer ihres harten Schicksals ruhen lassen und wünschen, dass unsere Pfade niemals so dunkel werden, dass wir kein Licht sehen."

Es gibt Gründe anzunehmen, dass die Schlussworte dieser Stellung-nahme bald von den meisten Zeitgenossen angenommen worden sind. Übrig blieb bei ihnen das Bewusstsein einer fürchterlichen Tragik, die ih-nen den Mund verschloss. Es versteht sich von selbst, dass diese Tragödie besonders die evangelischen Mitbrüder bewegte. Den Superintendenten und Präses Koch erreicht ein am 6. Februar geschriebener Brief des Wie-melhauser Gemeindepfarrers Heinrich Althüser:

„Durch die Verweigerung der kirchlichen Ehren bei der Beerdigung von Luther ist auf unseren Stand und den Namen Luther ein schwerer Makel gefallen. Waren Sie vielleicht nicht falsch unterrichtet, als Sie sich entschlossen, Luther ohne kirchliche Ehren zu Grabe geleiten zu lassen? Nach mir gewordenen verbürgten Nachrichten stand Luther mit dem Gr. Brauckmann in einem regulären, unanfechtbaren Geschäft. – Luther schoss dem Gr. Brauckmann für Auslagen auf seinem Gut 100.000 Mark vor. Gr. Brauckmann verpfändete dafür eine gleich hohe Lebensversiche-rung. Um die 100.000 M. flüssig zu machen, verpfändete Luther die Le-bensversicherungspolice des Gr. Brauckmann und seinen Hof, der zu 360.000 M. abgeschätzt wurde unter Belastung einer Hypothek von 90.000 M. Gr. Brauckmann fallierte und Luther scheint auf die Zurückzahlung der 100.000 M. gedrängt zu haben. Soweit ganz alltägliche Vorgänge.

Bei diesem Drängen auf Zurückzahlung muss es zu dem blutigen Drama gekommen sein. Aber keineswegs haben dazu „schwer zerrüttete Verhältnisse" Luthers beigetragen. Die beteiligte Bank hat mir noch einmal bestätigt, dass Luthers Vermögen intakt dasteht – 330.000 M.! Die Ver-mögensverhältnisse haben also zu einem Selbstmord keine Veranlassung gegeben. Auch aus in dem Charakter Luthers liegenden Gründen scheint es mir und Anderen, die ihn am besten kennen, ausgeschlossen zu sein, dass er Hand an sich gelegt hat. Das Urteil der Gemeinde über die Ver-weigerung der kirchlichen Ehren werden sie aus den Zeitungen gelesen haben. Das Versäumte lässt sich durch den üblichen Trauergottesdienst noch gut machen. Ich gebe Ihnen dies zur Erwägung aus brüderlicher Liebe und bitte Sie, sich nicht von Antipathien leiten zu lassen. Unser Stand ist schwer geschädigt. Mit hochachtungsvollem Gruß."

Der Superintendent antwortet postwendend:

„Es ist wohl besser, Ihre Zuschrift sogleich zu beantworten. Ich nehme selbstredend an, dass es Ihnen darum zu tun ist, ebenso der Wahrheit wie der Liebe gerecht zu werden und bin Ihnen für Ihre Mitteilung daher dankbar. Wenn Sie mich zum Schluss bitten, mich nicht von Antipathien leiten zu lassen, so ist das ja freilich auf der Voraussetzung ruhend, dass ich dazu imstande wäre, und das wäre ja eine traurige Einschätzung meines Charakters und meines amtlichen und brüderlichen Handelns. Ich nehme aber an, dass das Ihnen nur entschlüpft ist, ohne vorher überlegt zu haben.

In der Sache selbst ist das Presbyterium einig darin gewesen, dass die Mitwirkung des Geistlichen sich auf das Gebet des V.U. beschränken solle mit kurz einleitenden Worten und ohne Amtskleid. Das Gebet hat den Angehörigen vorgelegen und deren Zustimmung gefunden.

Gewünscht wurde vom Presbyterium in seiner Mehrheit das Läuten. Das Letztere gehört zu den sog. Kirchlichen Ehren. Sollte es gewährt werden, so war kein Grund vorhanden, die kirchlichen Ehren überhaupt zu versagen. Sie nehmen, wie es scheint, an, dass von einem Selbstmord nicht die Rede sein kann; dann würde also Herr Gr. Brauckmann der Mörder sein. Wollen Sie diese Behauptung aufstellen u. vertreten auch angesichts der ganzen Lage und der Umstände, welche sich vorfanden? Haben Sie die Letzteren kennen gelernt und gewissenhaft geprüft? Wenn nicht, können Sie auch der Familie Brauckmann gegenüber solche Behauptung vertreten?

Über die sonstigen Verhältnisse Luthers, so weit sie seine finanzielle Lage betreffen, bin ich vielleicht nicht so eingehend orientiert, wie Sie es sind oder zu sein scheinen. Dass sie aber bedrängter Art waren, weiß ich.

Das Urteil der Gemeinde wird zunächst durch das Presbyterium vertreten. Die leicht zu beeinflussende Stimmung der Allgemeinheit kann gar nicht infrage kommen. Wenn Sie aber Ihrer Meinung gewiss sind auf Grund der eingehendsten Kenntnis der Umstände, unter dem die Tat erfolgte, besser als die Amtsbrüder, das Presbyterium und andere Nächststehende, so haben Sie auch die brüderliche Liebe, mich aufzusuchen und mich zu orientieren. Ihre gut gemeinte Zuschrift erweckt in mir nicht die Überzeugung, dass Sie orientiert sind. Durch die Verweigerung der kirchlichen Ehren sei ein schwerer Makel auf unserem Stande und auf den Namen Luther gefallen, so leiten Sie Ihren Brief ein. Wenn der Fall eines Selbstmordes vorliegt, so ist der Makel durch diesen gegeben und eine Unwahrheit oder Verdeckung durch Gewährung kirchlicher Ehren konnte ihn nicht wegwischen, sondern hätte nur den Spott auf der ganzen Linie hervorgerufen. Das müssen Sie sich doch selbst sagen. Nehmen Sie das Vorstehende als einen Ausdruck meines Vertrauens an, es wird mir wirklich nicht leicht, bei meiner Gemütsbewegung auf Ihre Zuschrift zu antworten. Mit brüderlichen Grüßen."

An diesem amtsbrüderlichen Briefwechsel zeigt sich dieses: Luther hat unter den Pfarrern den einen oder anderen Freund gehabt. Althüser wusste wohl sehr genau über Luthers Finanzgebaren und seine Finanzlage Bescheid. Diese Kenntnisse konnte er nur durch Luther selbst haben. Er bezichtigt nun den Superintendenten der Antipathie gegen Luther. Dessen Antwort dürfte ein Musterbeispiel sein, wie der im Amt Ranghöhere antwortet. Er bleibt bei seiner Entscheidung, dem schuldig gewordenen Amtsbruder die letzten kirchlichen Ehren verweigert zu haben. Er problematisiert nicht den „Fall Luther", sondern verhandelt den „Fall Althüser".

Es dürfte nicht verwundern, dass weit über Werne hinaus die weitere Bochumer Öffentlichkeit an dem als Selbstmord deklarierten Tod eines Pfarrers und dann noch mit dem Namen Martin Luther größten Anteil nahm. Es verwundert nicht, dass die Frage nach den privaten finanziellen Verhältnissen des Pfarrers eine große Rolle spielt. Am 6. Februar ist im „Märkischen Sprecher" zu lesen:

„Man schreibt uns: Nach Nachrichten zweier Banken ergibt sich über das Vermögen des Pastors Luther folgendes Bild: Seine Besitzung ist zu 300.000 Mk. eingeschätzt. Darauf lasten 190.000 Mk., worunter sich 100.000 Mk. zu Gunsten von Große-Brauckmann befinden. Somit verblieben für Luther 170.000 Mk. (Dazu kommen jetzt aus der Lebensversicherung des Pfarrers Luther noch 60.000 Mk. und aus der als Sicherheit für Luther hinterlegten bezw. verpfändeten Lebensversicherungspolice Große-Brauckmanns weitere 100.000 Mk., so dass der heutige Vermögensstand auf 300.000 Mk. anzunehmen ist) An Selbstmord wegen zerrütteter Vermögensverhältnisse ist also nicht zu denken. Derselbe scheint auch um deswillen ausgeschlossen, weil ein so treu sorgender Vater, wie es Luther war, ganz bestimmt ein Liebeszeichen für sein Söhnchen hinterlassen hätte."

Es erstaunt, dass Banken auf Nachfrage solche Details in die Öffentlichkeit geben. Wenn ein Leser solche Angaben für richtig hält, kommt ihm natürlich sofort der Zweifel über die Aussage, Luther habe aus finanzieller Ausweglosigkeit den Selbstmord begangen. Denn mit dem Geld auf der Bank hätte er doch gut weiterleben können.

Einen sehr eigenständigen Nachruf bringt eine überregionale Kirchen-
zeitung:
„Die Gemeinde Werne erlitt durch den jähen Tod ihres 1. Pfarrers
Martin Luther eine schwere Erschütterung. Er wurde am 30. Januar abends
gegen 6 Uhr mit einer Kopfschussverletzung in einem Armstuhl seines
Arbeitszimmers sitzend tot aufgefunden, einen Schritt neben ihm saß
ebenfalls tot mit gleicher Wunde sein langjähriger Freund, der frühere
Gutsbesitzer Große-Brauckmann aus Flierich, jetzt Agent in Arnsberg.
Am Montag den 2. Februar wurde Pfarrer Luther in seiner Erbgruft neben
seiner vor 8 Jahren verstorbenen Gattin ohne kirchliche Ehren beigesetzt.
L. hatte seine Gattin, die sehr vermögend war, als Witwe mit einigen Kindern geheiratet, ein 13jähriger Sohn entspross dieser Ehe. Das Vermögen
scheint im Laufe der Jahre, vielleicht durch gutmütige Hergabe des größten
Teiles an seinen Freund und verfehlte Spekulationen völlig verloren gegangen zu sein, so dass der Sohn voraussichtlich auf das Erziehungsgeld
angewiesen sein wird. Nach Lage der Dinge lag für die Staatsanwaltschaft
zu einer Untersuchung über die Todesart der beiden Toten keine Veranlassung vor. Am Begräbnis nahmen die beiden Amtsbrüder des Verblichenen und die Gemeinde sehr zahlreich teil. L. war in ihr wegen seines
umgänglichen, gutmütigen Wesens recht beliebt. L. war 48 Jahre alt; er
amtierte seit 12 Jahren in Werne und verstand durch seine Umsicht der
von Langendreer abgezweigten Gemeinde bald zu einer ansehnlichen Kirche und einem geräumigen Gemeindehaus nebst einer Kleinkinderschule
zu verhelfen. Die Tatsache, dass sie nicht mehr aus noch ein wussten,
ihren großen Verpflichtungen nachzukommen, hat dann wohl beiden Män-
nern kurz nacheinander dieselbe Waffe in die Hand gedrückt. Die Tages-
zeitungen haben, soweit wir sehen, in angemessener Form dieses schreck-
liche Ereignis besprochen."

Hier wird zum ersten Mal vermutet, dass Luther entgegen den umlaufenden Bilanzen sein Vermögen verloren hat und er und sein Freund pleite
waren. Diese Deutung lässt den Tod der beiden als Doppelselbstmord
verständlicher werden. Jedenfalls gab es später für den Sohn nichts zu er-
ben. Das erklärt, dass für ihn nach dem Tode des Vaters ein „Erziehungsgeld" besorgt werden musste. Der Pfarrer scheint mit seinen Geschäften
außerhalb seines Amtes völlig gescheitert zu sein. Dieses kommerzielle
Scheitern konnte er nicht aushalten. Er gibt sich selbst sein Ende.

Von besonderer Güte sind die weiteren Reflexionen, die die Zeitung anstellt:

„Dieser Fall legt uns aufs ernsteste die Verpflichtung auf, nach Möglichkeit unseren Amtsbrüdern, die mit uns im gleichen Amt wirken, mit uns die Herrlichkeit des Christenglaubens abbilden sollen, wahrhaft brüderlich nahe zu stehe, sie doch bei aller Verschiedenheit als Nächste zu werten und gegebenenfalls zu mahnen, zu wahren und zu trösten. Es fehlt andauernd an brüderlichem Zusammenhang unter den Dienern Christi und der Kirche und sie leben ihren Gemeinden vielfach nicht die zu predigende Liebe vor. Es gehört neuerdings zur Sitte, nicht einmal mehr den benachbarten Amtsbrüdern, dass die in die Synode eintretenden Amtsbrüder einen Besuch abstatten und so die einfachsten Regeln des Anstandes verletzt werden.

In unseren großen Synoden des Industriebezirkes wird es kaum möglich sein, allen Amtsbrüdern einen eine familiären Besuch zu machen und noch weniger, familiären Verkehr mit ihnen zu pflegen. Die Arbeit, die Zeit und auch die beschränkten Mittel fordern strengste Zurückhaltung. Zugegeben. Aber immerhin dürfen die Pfarrer nie vergessen, dass sie den gebildeten Ständen angehören und sich den einfachsten Verkehrsregeln anzupassen haben. Da nun einmal die Parteizugehörigkeit seit 10 Jahren in unseren Synoden mehr als je die Pfarrer auseinander getrieben – an dieser Tatsache ist nicht zu zweifeln – so ist es nötig, dass in den engeren Kreisen der sich theologisch nahe stehenden Pfarrer der Gedanke des Bruderrates durchsetzt. Es müsste auch in unserem Stand dahin kommen, wie bei den Ärzten und Juristen, dass Pfarrerkammern, sagen wir ein Bruderrat sich offenbar irrender Brüder annimmt. Das ist eine unerlässliche Christen- und Menschenpflicht. Wenn wir diese Aufgabe rechtzeitig und mit dem Ernst demütiger, dienender Liebe angreifen, würden derartig schmerzende Fälle wie in Werne nicht vorkommen dürfen. Wer einigermaßen orientiert ist in Pfarrerkreisen, wird zugeben müssen, dass sich ein Bruderrat nicht allzu selten vor schwere Aufgaben gestellt sehen wird. Aber gerade darum muss er da sein!"

Hier wird ein Klagelied gesungen, das man zu dieser Zeit häufig hört: Theologisch ist die Pfarrerschaft zerrissen. Sie sind lutherisch oder reformiert Orthodoxe, sie sind pietistisch und lehnen die akademische Theologie mit ihren historisch-kritischen Methoden ab, sie sind Anhänger der liberalen Theologie und suchen den Dialog mit der Moderne oder sie verweigern sich auf ein Eingehen auf säkulare Positionen in Philosophie und Literatur, sie sind politisch Monarchisten und lehnen moderne Emanzipationsbewegungen ab oder sie neigen liberalen Prinzipien in der Staats- und Gesellschaftspolitik zu. Wie auch immer: Die Pfarrerschaft ist in sich theologisch und politisch sehr pluralistisch. Der Kontakt untereinander ist nicht frei von Vorbehalten gegeneinander und beschränkt sich auf notwendige berufliche Absprachen. Was zumeist fehlt, sind seelsorgerliche und berufsethische Gespräche miteinander, und, wenn nötig, seelische und geistige Hilfestellungen untereinander. Der Ruf nach einem Bruderrat ist Indiz für einen Mangel der persönlichen geistlichen Nähe unter den Amtsbrüdern. Bruderräte wären anders als Kirchenräte. Eine Kirchenbehörde ist keine geistlich-charismatische Gemeinschaft. Die formalen juristischen Argumente rangieren vor dem Verständnis von komplizierten Lebensproblemen. Das Recht muss zu Recht kommen, Milde und Barmherzigkeit gibt es nur am Rande.

Der Schreiber dieser Zeilen sieht in dem Selbstmord eines Pfarrers auch ein mögliches schuldhaftes Versagen der Amtsbrüder. Ein Gemeindepfarrer kann nicht nur Seelsorger von Gemeindegliedern sein, sondern auch er selbst bedarf der Seelsorge. Es ist hier der Ruf der Seelsorge an den Seelsorgern.

Das Kirchliche Amtsblatt 2/1913 bringt nur die einfache Nachricht: „Gestorben ist der Pfarrer Luther in Werne am 30. Januar 1913 im 49. Lebensjahre." Auf der Kreissynode Bochum im November 1913 sagt der Superintendent nur diese Worte: „Tief erschüttert wurde die Gemeinde Werne und mit ihr die ganze Synode durch den am 30. Januar d. J. plötzlich eingetretenen Tod des Pfarrers Martin Luther. Noch immer sind viele Herzen in der Gemeinde davon belastet, und wir alle sind in erschreckender Weise aufgerufen zur Wachsamkeit." (Synodalprotokoll 1913)

Mehr wusste der Superintendent nicht zu sagen. Mehr wollte er auch wahrscheinlich nicht sagen. Da er ja eine lange Geschichte mit diesem seinem Amtsbruder hinter sich hatte, hätte er durchaus einiges mehr sagen können.

Im Kirchlichen Amtsblatt Nr. 3/1913 stand zu lesen:
„Zu besetzen ist: Zum 1. September 1913 die durch Tod des bisherigen Inhabers zur Erledigung gekommene 1. Pfarrstelle der evangelischen

Kirchengemeinde Werne, Synode Bochum, mit welcher ein Grundgehalt von 2.400 M., ein Zuschuss zum Grundgehalt von 800 M. und eine Mietentschädigung von jährlich 800 M. verbunden ist. Die Besetzung geschieht durch Gemeindewahl. Bewerbungen sind an den Superintendenten D. König in Witten zu richten."

Und auf der Kreissynode konnte der Superintendent berichten: „Die erledigte Pfarrstelle ist am 22. September wieder besetzt durch den früheren Hilfsprediger in Altenessen, Wilhelm Siegmeyer. Wir heißen ihn hier zur treuen Mitarbeit und Gemeinschaft willkommen."

Dieser Nachfolger Luthers unterbrach von 1915–1918 sein Gemeindeamt und wurde Marineoberpfarrer. Er musste nach dem Krieg am 14. Mai 1919 sein Amt niederlegen, da er bei einem Besuch in Berlin als Homosexueller beschuldigt worden war. Er wurde freireligiöser Prediger in Danzig und beging am 10. Oktober 1922 dort Selbstmord.

Nach dem Tode von Luther kam in der Tat sofort das Problem auf, was mit dem zwölfjährigen Sohn Gustav Wilhelm Martin Luther geschehen sollte. Er war am 10. Oktober 1900 in Werne geboren. Zunächst gab das Gericht in Langendreer die Vormundschaft über den Jungen dem Apotheker H. Hölske, der verheiratet war mit der Tochter der verstorbenen Frau Luthers. Er war also der Schwiegersohn von Luther. Es liegt nun ein ausführlicher Schriftwechsel dieses Apothekers, der in dieser Zeit eine Apotheke in Siedenburg/Hannover, Kreis Sulingen übernahm, mit den kirchlichen Instanzen vor. Von dort führte er mit dem Superintendenten und dem Konsistorium einen sehr höflichen Briefwechsel über die Frage, welche geldliche Unterstützung die Kirche dem Waisenkind geben könnte.
In einem Brief an den Superintendenten schreibt der Schwiegersohn Luthers: „… In den Papieren des Verstorbenen fanden sich Aufzeichnungen über Geldsummen, die er jungen Leuten in der Gemeinde zu ihrem Studium und ihrer Erziehung aus seinen Privatmitteln gegeben hatte in solcher Menge vor, dass man daraus einen Beweis für seine Gutmütigkeit und Nächstenliebe erhält. Diese Werke der Barmherzigkeit sollen von uns dadurch ihren Wert behalten, dass wir die Summen nicht einfordern, zumal unsere Forderungen ja auch Leute träfen, die eine Einziehung der Beträge sehr in Verlegenheit bringen würde. Dieser Gutmütigkeit fiel er zum

Opfer, indem er von einem gewissenlosen Menschen, den er für seinen Freund hielt, ausgebeutet wurde. Wie dieser Freund ihm all seine Güte dankte, wissen Sie ja: er gab ihm den Tod. Wir aber, die wir seinen guten Kern gekannt haben, betrauern ihn tief und vermissen ihn schwer."

Der folgende Schriftwechsel zwischen Hölske, dem Superintendenten und dem Konsistorium zeigt auf allen Seiten den Willen, eine gute Lösung für Luthers Sohn zu finden. Auch der Amtsbruder Rummeld hat sich an der Lösung der Probleme konstruktiv beteiligt. Wie es am Ende mit ihm ausging, erfahren wir in einem Brief des Apothekers vom 3. März 1913 an den Superintendenten:

„Herzlichen Dank für die uns übersandten Zeilen und Ratschläge. Ich habe mich in dem von Ihnen angedeuteten Sinne an Herrn Generalsuperintendenten D. Zoellner gewandt und erwarte nun dessen Bescheid. Wir wollen den kleinen Martin gern in unserer Nähe haben und ihn nach Nienburg auf das Realgymnasium schicken und ihn in Pension geben, da wir keine höhere Schule am Ort haben. So haben wir ihn denn wenigstens Sonntags und in den Ferien hier bei uns … ."

Mit dieser Regelung für den Sohn Luthers wird die Akte Luther geschlossen. Interessant dürfte sein, dass in den späteren Festschriften der Gemeinde Werne der „Fall Luther" nur kurz erwähnt wird. In der Festschrift zur Jubelfeier von 1921 steht nur kurz: „Die 1. Pfarrstelle kam am 30. Januar 1913 auf eine höchst traurige Weise zur Erledigung. Der Inhaber, Pfarrer Luther, dem die Gemeinde für ihren äußeren Aufbau viel verdankt, der für den Kirchenbau ungemein viel gearbeitet hat, schied an diesem Tage aus dem Leben." (S. 46)

Und in der Festschrift „100 Jahre Evangelische Kirche Bochum-Werne" (1996) heißt es ähnlich kurz: „Das Jahr 1913 brachte über die Gemeinde schweres Leid. Am 30. Januar fand man gegen Abend den ersten Pfarrer Martin Luther in seiner Studierstube mit einem Bekannten zusammen erschossen auf. Die Beerdigung erfolgte ohne kirchliche Ehren. Pastor Müller sprach im schwarzen Rock ein kurzes Gebet am Grabe des so plötzlich aus dem Leben geschiedenen Amtsbruders. Eine Hausandacht war von der Familie abgelehnt worden." (S. 40f.)

Niemand hat versucht, den Lebensweg und die Amtsführung des Pfarrers Martin Luther genauer darzustellen. Er passte nicht in die Jubiläumsliteratur. Wie man auch diesen Pfarrer heute bewerten mag: Er gehört in unsere Gemeinde- und Kirchengeschichte. Ein eindeutiges Urteil über diesen Martin Luther dürfte schwer fallen. Die Charakterisierung seines Superintendenten dürfte die Ambivalenz gut wiedergeben:

„Der Pfarrer Luther ist sehr erfahren in Verwaltungs- und Rechtsangelegenheiten; er hat ein ausgeprägtes Rechtsgefühl und lässt sich wohl leicht bestimmen, mehr als es im Interesse seines geistlichen Amtes liegt, seine wirklichen oder vermeintlichen Rechtsansprüche geltend zu machen; dass seine Erfahrung und sein Eifer für die Rechte der Gemeinde den äußerlichen Interessen derselben vielfach dienlich ist, wird anzuerkennen sein. Die seelsorgerliche Pflege der Gemeindeglieder und die innere Erbauung der Gemeinde wird nicht in gleichem Maße ihm anliegen."

Er war nicht so, wie seine pietistischen Widersacher ihn haben wollten. Als der Welt zugewandter Pfarrer hat er seine Anhänger unter den konservativen und liberalen „Weltchristen" gehabt. Für den äußeren Aufbau der Gemeinde hat er viel geleistet (Kirche, Gemeindehaus u. a.). Er selbst blieb bis zu seinem Ende „ein Mensch in seinem Widerspruch". Für uns heute verdient er beides: Verständnis und kritisches Gedenken.

Literatur

Personalakten:
LKA EKvW, Bestand 1 alt
Personalakten Westf. Pfarrer 1817–1945, darin: Luther aus Asseln Nr. 1002
LKA EkvW 4.274: Evangelischer Kirchenkreis Nr. 968
LKA: Personalakten des Königlichen Consistorii der Provinz Westfalen
    betr. den Pfarramtskandidaten Johannes Paul Luther aus Asseln Nr. 1001
Presbyterium (Hg.): Festschrift zur Jubelfeier der evgl. Kirche Werne
    Kreis Bochum, Bochum 1921
Dasselbe: 100 Jahre Evangelische Kirche Bochum-Werne, Bochum 1996
Evangelische Kirchengemeinde Bochum-Werne, in: Jens Murken: Die evan-
    gelischen Gemeinden in Westfalen, Bd. 1, S. 238 ff., Bielefeld 2008
Kracht, Peter: Adriani, Gosefaut und Salzbach. Straßen-, Flur- und
    Bachnamen als Einstieg in die Heimatgeschichte von Bochum-Werne,
    Bochum 1987
Kreuzer, Clemens: 1100 Jahre Langendreer-Werne. Werden und Wandel
    einer Vorstadt des Reviers, Bochum-Langendreer 1987
Werbeck, Wolfgang: „Gedenke der vorigen Zeiten". Elf Vorträge über die
    Geschichte einiger Kirchengemeinden und kirchlicher Werke des
    Kirchenkreises Bochum, Bochum 1995 (darin über Werne)
Protokoll der Bochumer Kreissynode 1913, Bochum 1913
„Märkischer Sprecher", Jg. 1913
Häusler, Karl-Günter: Die Schulen in Asseln, 2. Teil: Die Evangelische
    Schule in Asseln 1603-1939. Dortmund o. J.
Heimat Dortmund 2/2005: 150 Jahre Freimaurerei in Dortmund